U0478694

教育部人文社会科学重点研究基地重大项目
"面向高质量发展的中国特色基础教育学体系研究"
（22JJD880019）阶段性成果

当代教育的伦理视野
丛　书

丛书主编：程亮

Ethics of Student Assessment

学生评价伦理：
案例与分析

朱丽 著

海峡出版发行集团 | 福建教育出版社

图书在版编目（CIP）数据

学生评价伦理：案例与分析/朱丽著. —福州：福建教育出版社，2024.7
（当代教育的伦理视野丛书/程亮主编）
ISBN 978-7-5334-9800-9

Ⅰ.①学… Ⅱ.①朱… Ⅲ.①学生－教育评估－伦理学－研究 Ⅳ.①G449.7

中国国家版本馆 CIP 数据核字（2023）第 227064 号

当代教育的伦理视野丛书
丛书主编　程亮

Xuesheng Pingjia Lunli：Anli Yu Fenxi

学生评价伦理：案例与分析

朱丽　著

出版发行	福建教育出版社
	（福州市梦山路 27 号　邮编：350025　网址：www.fep.com.cn
	编辑部电话：0591-83727542　83786971
	发行部电话：0591-83721876　87115073　010-62024258）
出版人	江金辉
印　刷	福建省地质印刷厂
	（福州市金山工业区　邮编：350011）
开　本	710 毫米×1000 毫米　1/16
印　张	9.75
字　数	145 千字
插　页	3
版　次	2024 年 7 月第 1 版　2024 年 7 月第 1 次印刷
书　号	ISBN 978-7-5334-9800-9
定　价	29.00 元

如发现本书印装质量问题，请向本社出版科（电话：0591-83726019）调换。

目 录

导 论 ……………………………………………………………… 1
第一章 学生评价发展的两条路径 ……………………………… 5
  一、技术的路径 …………………………………………… 7
  二、伦理的路径 …………………………………………… 10
  三、两条路径的调和 ……………………………………… 27
第二章 学生评价实践的伦理批判 ……………………………… 33
  一、"唯智主义"取向的学生评价及其伦理批判 ………… 33
  二、"管理主义"取向的学生评价及其伦理批判 ………… 46
第三章 学生评价目的与善 ……………………………………… 58
  一、何谓学生评价目的 …………………………………… 58
  二、善的学生评价目的 …………………………………… 63
  三、善的学生评价目的如何可能 ………………………… 73
  四、以善为目的的学生评价实践 ………………………… 79
第四章 学生评价标准与公正 …………………………………… 86
  一、学生评价标准：何谓与何为 ………………………… 87
  二、如何照顾差异：对学生评价标准公正性的诘问 …… 91
  三、什么样的学生评价标准是公正的？ ………………… 105
第五章 学生评价主体与民主 …………………………………… 113
  一、从单一主体学生评价到多元主体学生评价 ………… 114
  二、民主视角下的多元主体学生评价 …………………… 119
  三、学生评价的民主限度 ………………………………… 128

第六章　教师评价伦理素养 ……………………………………… 136
　一、教师应具备的评价伦理素养 ………………………………… 137
　二、教师评价伦理素养的培育 …………………………………… 145

导　论

　　评价是人们在生活中的一种日常活动，无处不在。人们往往依据事实作出事物好坏的判断，并在此基础上作出选择。在学校教育领域，教育评价对各项教育教学活动的质量起着保障作用，是学校办学的"指挥棒"，也是各类教育工作者需要面对的日常教育教学实践。鉴于教育评价的重要性，其改革历来受到重视。2018年9月10日，习近平总书记在全国教育大会上指出，要深化教育体制改革，健全立德树人落实机制，扭转不科学的教育评价导向，坚决克服唯分数、唯升学、唯文凭、唯论文、唯帽子的顽瘴痼疾，从根本上解决教育评价指挥棒问题。① 2020年6月30日，中央全面深化改革委员会第十四次会议审议通过《深化新时代教育评价改革总体方案》（以下简称《方案》），其于2020年10月13日由中共中央、国务院印发，这是新中国成立以来教育评价领域第一份以党中央名义出台的改革文件，可以看作是新时代引领教育评价改革的一个纲领性文件。《方案》明确提出："教育评价事关教育发展方向，有什么样的评价指挥棒，就有什么样的办学导向。……坚决克服唯分数、唯升学、唯文凭、唯论文、唯帽子的顽瘴痼疾……坚持科学有效，改进结果评价，强化过程评价，探索增值评价，健全综合评价，充分利用信息技术，提高教育评价的科学性、专业性、客观性。……到2035年，基本形成富有时代特征、彰显中国特色、体现世界水平的教育评价体系。"探索"四

---

①《习近平出席全国教育大会并发表重要讲话》，http://www.gov.cn/xinwen/2018-09/10/content_5320835.htm。

个评价"、破"五唯"成为当前教育评价改革的主要内容。

从类型来看，教育评价包括教学评价、课程评价、学生评价、教师评价、学校评价等不同对象的评价。从根本上来说，（学校）教育的目的即是为了促进学生的发展，学生通过接受教育到底发展得如何事关教育成效的高低，也即学生的发展水平反映了教育质量的高低，因此某种程度上可以说学生评价是教育评价的核心，引导着教育教学改革的方向，因而也是教育改革的关键环节。

学生评价关系到用什么样的尺度和标准来衡量学生的发展，说到底也就是关系到培养什么样的学生的问题。《方案》中提到要"改革学生评价"，坚持以德为先、能力为重、全面发展，坚持面向人人、因材施教、知行合一……坚决克服重智育轻德育、重分数轻素质等片面办学行为，促进学生身心健康、全面发展。但在我国长期应试教育的导向下，评价学生发展优劣的唯一依据是学生的学习成绩，学生在各类考试中取得的考试分数成为筛选学生的最主要的尺子，导致了学校教育唯书本、唯考试、唯分数、重学习结果轻学习过程，忽略了学生作为一个整体人的全面和谐发展。进入20世纪80年代末90年代初，我国开始倡导素质教育，要求实现从应试教育向素质教育的全面转轨。1993年2月13日，中共中央、国务院在总结广大教育工作者改革实践经验的基础上制定发布的《中国教育改革和发展纲要》（以下简称《纲要》）中指出："中小学要从'应试教育'转向全面提高国民素质的轨道，面向全体学生，全面提高学生的思想道德、文化科学、劳动技能和身体心理素质，促进学生生动活泼地发展，办出各自的特色。"素质教育以人的全面发展为导向，必然要求学生评价从仅关注学生知识的获得转向学生的全面而有个性的发展，从关注筛选精英转向培养国民，让所有学生都能从学习中获得成功。

近年来，随着学生核心素养、学生21世纪能力等概念的提出，学生评价逐渐转向以学生核心素养为评价导向，将促进全体学生的全面发展作为价值取向，既要关注学生的学习过程，又要关注学生的学习结果，既要关注学生的知识习得，又要关注学生高阶思维能力和创造力等能力的培养，对学生的发展进行全方位的立体考察和全程的动态考察，这是一种教育评价理念的转变，体现了从"育分"向"育人"的转变，对扭转"五唯"中唯分数、唯升学的痼疾能起到积极的推动作用。这种导向的评价本质上也是一种伦理关怀，是以学生发展为本的学生评价，体现了对学生的人性关怀。

什么是伦理？为什么要从伦理角度来反思学生评价？伦理是调节人与人之间关系的规范，是对人的行为的"德性""正当""善""恶""义务"等的判断，其核心概念是"善""正当""应该"，本质上是对一种行为或事物理想状态的思考。长期以来，教育评价强调的是评价手段的科学性，评价结果的客观性，追求评价的高效度、高信度。然而，有时客观真实的评价结果并不一定是公正的，即使两个学生获得同样的分数也并不能反映他们所付出的努力，所取得的进步，学生评价不能简单地基于实用主义的计算结果。此外，学生评价有时会产生很多非预期的结果，而这些结果可能对学生有害，如宣布考分可能对成绩不好的学生的自尊带来伤害。

因此，"在21世纪，高质量的评价，其效度和信度固然重要，但它需要纳入第三个同等重要的因素即道德伦理因素，才得以完善"①。从本质上来说，仅关注学生评价的技术问题是不够的，还需从伦理的角度来反思学生评价，反思什么样的学生评价对学生而言是好的或善的，即学生评价如何能更好地促进每一个孩子的全面发展。对于什么是最恰当的学生评价实践需要从科学性和合道德性两个方面来考虑，既需要完善评价的技术，提高评价的信度，也需要从道德的角度进行质询，讨论其必须遵守的伦理规范，为评价者与被评价者提供道德规约。

从实际来看，对教育评价的伦理思考已成为一个重要的研究领域。JC-SEE（2003）制定了《学生评价标准》，该标准涵盖范围很广，包括"适宜性标准、应用性标准、可行性标准和准确性标准"四个方面，是对学生评价的目的、程序等的规范，其中不少是伦理规范，如保护学生的隐私、学生权利

---

① [澳]瓦伦媞娜·克兰诺斯基、克莱尔·怀亚特-史密斯著，沈蕾译：《教育评价：标准、评判与调整》，江苏凤凰教育出版社2016年版，引言。

和权益的保护、学生评价中应没有偏见、保证结论是公平的，等等。Popham（1991）指出，教育者需要满足的评价原则首要的是保护学生，对他们没有伤害（Do No Harm）。[①]

从现实来看，要判断一个行为是否符合伦理规范并不容易，因为是否符合伦理还要看行为发生的具体情境，看行为主体的动机等。伦理判断的复杂性增添了学生评价伦理的研究难度，要制定一套普遍适用的学生评价伦理规范也非易事。学生评价是包括学生评价目的、学生评价内容、学生评价主体、学生评价标准、学生评价方法等在内的一个体系，研究学生评价伦理即是将学生评价体系置于伦理的框架内去讨论，从善恶正邪的角度对学生评价的正当性进行分析和评判。

本书借用伦理学的相关概念阐述了学生评价伦理的意蕴，对长期以来的学生评价实践进行了反思，并在此基础上分析了何谓善的学生评价、学生评价标准的公正性及学生评价中的民主等问题，希望对当前的学生评价实践有所启示。

[①] Susan K. Green, Robert L. Johnson, Do-Hong Kim, Nakia S. Pope. Ethics in Classroom Assessment Practices: Issues and Attitudes. *Teaching and Teacher Education*, 2007 (23): p. 999-1011.

第一章　学生评价发展的两条路径

"你学习不好，戴绿领巾，我才是真正的红领巾……"西安市未央区第一实验小学门口，两个放学的孩子嬉闹起来，来接戴绿领巾孩子的家长表情尴尬。

放学了，内蒙古自治区包头市二十四中的学生走出了教室，穿红色校服的同学显得格外打眼。这种红校服是优秀生的专利，普通学生穿的是蓝色或白色校服。

媒体报道，无锡一些学校的老师要求班级里的差生到医院测智商。

2011年11月8日，江西省南昌市进贤县第二中学的期中考试中，成绩较差的学生被"请"到屋外进行考试。

……

在中国，以考试分数为标尺，把学生分为三六九等，学习好的学生被划入"优秀生"行列，而成绩差的学生被贴上"差生"标签的种种做法我们可能已经司空见惯了，甚至"见怪不怪"了。然而，这些做法难道不值得质疑与反思吗？它们对学生的发展会起到什么样的影响？当前，在教育改革领域中，由于教育评价对学校教育教学具有重要的导向作用，教育评价改革往往被视作教育改革的关键点和突破口。就评价对象而言，教育评价可分为学校评价、教师评价、学生评价等几类。学校教育的存在价值和首要目标是促进学生充分、自由、全面、个性地发展，使之符合社会期望，而学生是否发展以及发展的程度如何却依赖于学生评价的判定。学生评价关系到用什么样的尺度和标准来衡量学生的发展，说到底也就是关系到培养什么样的学生的问题，是实现后者的关键环节，对教育教学实践起着引导作用。学生评价在学校教育中的重要性是毋庸置疑的，说学生评价是教育评价的核心一点不为过，"从一定意义上讲，学生评价改革能否顺利实施，关乎整个教育评价的改革的成败"①。

与学生评价的重要性存在矛盾的是，现实中对学生评价的认识还谈不上完整、清晰。一方面，从实践来看，评价似乎是一项可以"无师自通"的活动，人人都可以对学生进行评价，无需进行专门的培训，如教师的职前、职中教育和培训中均没有涉及学生评价这一主题。这一现象在世界范围具有一种普遍性，如蔡敏在分析美国学生评价中面临的问题时指出："由于广大教师没有开展学生评价的必备知识和技能，不能正确地实施评价，所以在许多情况下给学生带来了不应有的损失。"② 例如，将评价等同于考试，推崇指标化和定量化的评价标准，评价结果被简化为一个数值，对学生的真实发展水平缺乏完整而客观的解释；忽略学生背景的"一刀切"测评可能会使学生失去对教师或学校的信任，产生教育不公现象。

另一方面，对评价本身缺乏全面性认识。美国学者苏珊认为："对评价的界定是一个挑战。一方面，评价意味着测量一个既定项目是否达到某些目标的一系列源自技术和定量社会科学的活动；另一方面，它也意味着对构成该项目的价值、伦理和规则，及其自身是否真的与猜想或者基本价值和伦理相关的判断的一种审慎评价。""评价的两个主要领域，一个称之为技术或科学领域，其是通过运用来自经济、社会科学、统计学等相似学科的定量测量方法来分析活动、目标和对象。但是另一个领域涉及到描述价值、目标和目的的任务，其与该项目的道德和伦理评价以及其是否已经实现联系更紧。"③ 教育评价同样如此，其中学生评价是教学过程中常用的一种管理手段，不可避免地扮演着工具的角色，对学生进行评定，为教学提供反馈。但是，学生评

---

① 田友谊著：《当代学生评价的理论与实践》，华中师范大学出版社2012年版，引言。
② 蔡敏：《美国学生评价评析》，载《外国中小学教育》，2003年第11期。
③ Susan Salasin. The Evaluator as an Agent of Change. *New Directions for Program Evaluation*，1980（7）：p. 2.

价首先是为了学生的评价，而不是为了评价的评价。评价技术的娴熟与精湛，并不能代表其自身的合理性，充其量只是其合理性的前提条件。在学生评价的发展史上，其研究遵循着两条路径，即技术的路径与伦理的路径，两条路径对于完整地认识学生评价是必不可少的。

一、技术的路径

在《第四代评估》中，古贝和林肯将教育评价的发展划分为四个阶段：测量、描述、判断和建构。在第一个阶段，人们认为任何事物都是有数量的，而数量都是可测量的。评估者的角色是技术性的，他（她）应当完全掌握可利用的工具，那样，任何指定的调查变成了都可以被测量，强调对测试结果进行精确的定量测量，教育评价工作的重心是编制各种测验量表以测量学生的一些心理技能与特征，研究者的精力主要集中在教育测量的客观化问题上。科学性是其追求的首要目标。科学是什么？科学是人类主观世界对自然、社会、人类思维领域客观规律和本质的认识和反映，强调"一就是一，二就是二"和结果的可重复性，科学在当代的重要性更是不言而喻的，"不但科学已经成为第一生产力，而且科学和技术本身已经具有一种无所不在的意识形态的暧昧特征"[①]。在评价中，对科学的追求主要体现在对效度和信度的追求上。在当代则表现为强调教育评价的实证主义，要求按照实验或准实验的思路来设计评价，追求评价结果的客观唯一性。

从历史上来看，教育测量兴起的动因在某种程度上也正是出于对科学性和客观性以及效率的追求。美国在 19 世纪后半期多采用口试法来考查学生，教师用不同的问题向各个学生询问解答，以判定学生是否掌握知识以及掌握的程度。这种方法的弊端是缺乏统一的标准，掺杂了许多评价者个人的感情色彩，对同一事物或事件的评价有可能得出"公说公有理，婆说婆有理"的

[①] ［德］阿尔布雷希特·韦尔默著，罗亚玲、应奇译：《伦理学与对话》，上海译文出版社 2013 年版，第 201 页。

现象，即使是同一人也可能在不同的时间点得出不同的结果，因而难以客观评价学生。同时，随着学生数量的增多，口试法在时间上就显得不经济。后来采用笔试来替代口试，笔试采用同样的试题来测试学生，能同时间测试大规模的学生，但不足是采用的是主观题（问答题），在评分时易受阅卷者的主观影响，其客观性也难以保证。为了纠正笔试的这种弊端，力求客观化，教育测验运动逐渐兴起。教育测量兴起的另一个背景则是科学管理观念在教育管理理论中的盛行。这种观念强调系统化、标准化，最强调的是效率，而教育测量无疑符合这一条件。

测量最初用于智力测量。比纳受法国政府的委托编制测量以鉴别能从特殊教学中获益的儿童。经过大量的研究，比纳和他的同事西蒙于1905年发表了一篇论文，在这篇文章中，他们提供了一系列测量儿童心智发展水平的测验。在美国，最早发展起来的是推孟在1916年编制的斯坦福-比纳量表，1937年和1960年作了修订，它们在心智的测验中起了重要的作用。测量的大量运用直接导致了标准化测验运动的兴起。标准化测验由是否题（true-false）、多重选择题（multiple-choice）、匹配题（matching）、简单回忆（simple recall）和填充题（completion）等题型组成，答案是确定的，不需要学生进行自由发挥，非常客观，也便于评卷者评分，这些优点使得标准化测验适于对大规模人群做测试，客观、经济。

至20世纪30年代中期，美国教育测量运动达到鼎盛期，作为一个专业研究领域有了长足的发展。测验的种类更加丰富，对桑代克的"凡存在的东西都有数量，凡有数量的东西都可以测量"，不但在技术方面力求正确地应用，在理论方面也力求有确证的收获。智力测验方面不断完善，职业指导和升学指导方面出现了性向测验和诊断测验，人格测验开始出现，并力求精密。成立了专业的测验机构，引进了测验评分机。与此同时，资本主义国家的产业革命、经济快速增长使得初等教育发展迅猛、在校人数急剧增多，国家需要对学校教育质量进行监控、对学校教育中的人事和资金进行管理，标准化测验成为政府管理功能的一种需求。

20世纪30年代，测量运动进入批判期。人们认为测量或测验并不能测得人的全部,如"社会态度、实际技术、创造、兴趣、鉴赏力等都属于教育的重要领域,为教育测验所不能充分把握者,在重视考试与测验的时代,这些重要学力又往往被教育者冷落"①。美国进步主义教育联盟(Progressive Education Association,PEA)认为教育的目的在于生活,在于儿童本位,儿童的个性、趣味、需要等都应受到尊重。

随后的"八年研究"对教育测验提出下列批评:1. 测验是片段的,无论是知识测验也好,人格测验也好,都只能做片段的测定,不能全部了解人格之发展与知识之过程;2. 测验只是注目于客观的信度,但于质的妥当性已不足说明;3. 教师为测量成绩所采用的学业测验,根本就是教科书中心主义;4. 测量或考试必然养成个人主义与被动式之学习态度。一般地说,考试方法、测验方法都能左右教学方法以及学习态度。但,个人主义的学习态度与被动式之教学方法,根本不符合新教育的精神。② 因为测量或测验仅关注学生对知识的学习,更多需要学生进行记忆学习,并不能由此显示学生是否掌握了教师所期望的高级思维能力。从根本上说,教育测量是"目中无人"或无"全人"的,其导致分数越来越重要,而人的情感、态度、品德等无法量化的指标变得无足轻重。"人的主体性都在'一切皆可测量'的旗帜下不可一世地空前膨胀起来,作为评价主体的人成为了'近乎上帝的观察者',评价客体则被当作与自然同质的某种物质加以认识。"③

从根本上说,以科学为旨趣的教育评价凸显了其工具性,并使人也随之工具化。在工具理性的支配下,传统的教育评价往往被视为一种从理性假设、教育事实的资料收集到检验、鉴别的过程。"它所依据的科学不是真正内涵的科学(Science),而只是技术(Technology)",教育评价日益沦为物化的工具,"恐怕难免会令人感到有一种目的逐渐为手段所置换或替代的嫌疑,即作为手段的科学化追求和技术的完善反客为主而成为目的,反之,评价活动的

---

① 瞿葆奎主编:《教育评价》,人民教育出版社 1989 年版,第 65 页。
② 瞿葆奎主编:《教育评价》,人民教育出版社 1989 年版,第 65—66 页。
③ 刘宗南:《知识论视野下教育评价的科学性与伦理性》,载《咸宁学院学报》,2008 年第 2 期。

本体意义倒成为无关宏旨的赘余"，教育评价最终背离了教育目的。

然而，尽管教育测量遭到了批判，但与口试、面试等相比，测量（如标准化测验）的优势却是有目共睹的。正如泰勒所认为的，考试的确扮演了消极的"紧箍咒"的角色，但不能因此废除考试，要承认考试不仅能考察教育实践的成效，还可以将考试的效果调节到实现教育价值的方向上来。[①] 因为在英才教育制度的社会中，还没有一种可以替代测量的选拔方式，也正因此，测量仍然得到发展。1955年，美国教育研究协会和全国教育质量标准评议会合作提出了《成就测验的技术标准》。1956年，布卢姆和他的同事出版了著名的《教育目标分类学（第一分册，认知领域）》；1964年，《教育目标分类学（第二分册，情感领域）》出版。即使在当代，测量依然有其重要地位，作为一种选拔或考核的手段广泛应用于不同领域。

当前，我国进行的考试改革，依然是以测验为基础的改革。随着时代的发展，测量或考试的技术手段也在不断提高，如融入信息技术，许多标准化考试已实现电脑答题、阅卷，建立了题库，越来越科学。此外，人们逐渐意识到事物的发展变化不仅体现在量的变化上，同样也体现在质的发展变化方面，教育效果尤其如此。因此，教育测量越来越与其他评价手段和方法相结合，以更全面地获得评价对象的信息，以便做出客观的评价。例如，近年来，为了更科学地评价学生，学生评价无论是理念还是实践操作越来越呈现多元化发展，除了标准化测试的新技术不断得到运用外，档案袋评价、真实性评价、表现性评价等评价方式逐步运用到学生评价中，使学生评价的手段越来越丰富，均能有效真实地测试学生的特质和能力，对促进学生的发展也起到越来越大的作用。

二、伦理的路径

评价起源于心理测量，其理论基础更多地来源于心理学、测量学、教育

---

① ［日］田中耕治著，高峡译：《教育评价》，北京师范大学出版社2011年版，第24页。

学、工艺学等，总的来说都是科学技术性理论，① 但"科学能回答是什么和曾经是什么的问题，但回答不了应当是什么和应当做什么的问题"②。事实上，单纯技术主义的学生评价不过"借用了科学和技术表面的东西，如量化、确定性、高效、精确、实证等，而忽视了科学作为人类认识真理方式的批判、反省、超越的一面，掩盖了人类教育活动的多样性和复杂性，淡化了对教育评价意义更深层次的思考"③。

工具理性指导的学生评价在实践中遭遇到了一些困境，也带来了一些不良后果，如难以真实评价一个富有情感的个体，将分数的重要性过度拔高，导致选拔性评价和管理性评价日益中心化，由此造成对学生健全人格的培养乃至生命的漠视。"对学生的每一次评价，乃至每一次测验、每一个分数都会对其造成影响。僵化呆板的测试，不管其技术成分如何完善，都会影响学习者以后的发展与创新。"④

以测试为例加以说明，测试的时间、测试的内容、测试者所处的环境（如噪音、天气等）以及测试者测试时的状态（如身体、情绪等）都会影响测试的结果，由此产生一定的误差。因此，很难完全从技术上来分析测试的信度，还需对影响结果的各种因素进行分析，使得结果对测试者来说更为客观、更为公正。

美国公民自由联盟（American Civil Liberties Union，简称ACLU）受理了学生的起诉，学生指控测验侵犯了隐私。他们抗议使用查究他们在自尊、对学校的兴趣和人际关系等方面的态度的量表（通常是自我报告式的）。ACLU的律师们指出，当局没有讲清楚学生可以拒绝接受那些他们认为是侵犯自己隐私的测验。

---

① 瞿葆奎主编：《教育评价》，人民教育出版社1989年版，第156页。
② 陈桂生、范国睿、丁静主编：《教育理论的性质与研究取向》，华东师范大学出版社2006年版，第351页。
③ 康宏：《教育评价的价值反思与建构——基于规范认识的视角》，载《现代教育管理》，2011年第4期。
④ 柯森、王凯：《学生评价：一种基于新课程改革的探讨》，载《当代教育论坛》，2004年第8期。

这个问题牵涉到一个更大的问题——测验对学生的影响。测验会不会由于产生焦虑和鼓励欺骗而影响学生的动机和自尊？会不会成为标记，从而决定承认的社会地位？[①]

的确，测试会产生一些负面的影响，在追求评价的客观、公正过程中，科学的重要性是毋庸置疑的，但正当与应当的问题（即自身的善恶、正当合理与否及应该不应该）同样应得到重视，学生评价活动不能"脱离道德"，它不仅受到技术、评价规律的支配，而且也是由人——评价者和被评价的学生及各种伦理道德因素的综合作用来决定的。学生评价中的这些问题需要借助伦理学来进行思考。评价研究的另一条路径便属于价值的与伦理的，既源于对测量的批判，也源于对教育本质的认识。不借助于伦理学，难以形成完整的评价认识。

（一）何谓伦理？

伦理是一个实在的关系范畴，是一个主客观结合体。在中国，最初"伦"和"理"是作为两个概念在使用。根据许慎《说文解字》的解释，"伦"字含有"条理""思虑"之意，加人字作偏旁，便有人事之理的意义了。"伦者，纶也。"纶线贯穿方为布，可引申为关系。在中国古代文化中，"伦"有类别、辈分、顺序等含义，故《孟子》有言："察于人伦。"赵岐在解释孟子所谓的"伦"的含义时说："伦，序……识人事之序。"东汉郑玄在注《小戴礼记》时也说："伦，亲疏之比也。"在古代人们以为人与人之间的关系是同有的、不可僭越的，因而孔子谓之"名分"，所谓名正言顺，以及在其位谋其政等等，这些都可看作"察于人伦"的"人事之序"。"理"，指玉石上的条纹，具有治玉、条理、治理的意义。庄子说："天地有大美而不言，四时有明法而不议，万物有成理而不说。""伦理"二字连用，最早见于秦汉之际的《礼记·乐记》："乐者，通伦理者也。"

在生活中，伦理和道德是紧密联系在一起的一对概念，在很长一段历史时期内，二者的意义基本相同，可以通用。但伦理和道德本质上既有联系又

---

① 瞿葆奎主编：《教育评价》，人民教育出版社1989年版，第653—654页。

有区别。理解二者之间的联系与区别有助于更深入地认识伦理。伦理与道德本质上都是关乎人们行为品质的善恶正邪，乃至生活方式、生命意义和终极关怀。在语源学上，伦理的英文是 ethic、ethics。ethics（伦理）源自希腊文的 ethos 一词，其本意是"本质""人格"；也与"风俗""习惯"的意思相联系。道德一词的英文是 moral 或 morality，二者的起源都是拉丁文的 mores（mos 的复数形式），指"习俗""个性"的意思。后来罗马人用 moralis 来翻译 ethics，它源自拉丁文的 mores 一词，原意是"习惯"或"风俗"的意思。因此，与伦理在西方的词源涵义相同，都是指外在的风俗、习惯以及内在的品德。因而说到底也就都是指人们应当如何的行为规范。与 ethic 的含义对比不难看出，道德更强调主体的德行。这与中国对伦理和道德的理解是一致的。在日常生活中，我们常用道德来形容一个人的品性，如一个人"有道德"，而伦理则更多用于人与人之间，它更多指调节人与人之间关系的规范，我们不会说一个人"有伦理"，只能说他是否有道德。因此，伦理和道德之间可以看作是整体与部分的关系。"道德作为特定场合下如何的行为规范，伦理作为人伦之理，显然，伦理是整体，道德是部分；伦理是宏观，道德是微观；伦理是抽象，道德是具体。"① 伦理更关注社会秩序，而道德关注的是个人自身品行。

伦理学是研究道德的学问，是关于优良道德的科学，是关于优良道德的制订方法和制订过程以及实现途径的科学。"它（伦理学）阐明好人及好生活的本性，告诉我们怎样才能健康成长或过得好，它还描绘我们的义务，使我们能够辨识我们必须做什么。"② 本质上，伦理学是一门指导人类进行道德实践，规范人类道德行为的实践科学。

（二）伦理学的核心概念

从伦理的界定来看，伦理学基本说来是一种行为科学，是关于伦理行为的科学，是关于伦理行为事实如何的规律及其应该如何规范的科学。西季威

---

① 李廷宪著：《教育伦理学的体系与案例》，安徽师范大学出版社 2000 年版，第 3 页。
② ［美］史蒂文·卢坡尔著，陈燕译：《伦理学是什么》，中国人民大学出版社 2014 年版，第 22 页。

克把伦理学分为对行为准则的研究和对人的终极目的、真正的善的研究两个方面，把伦理学主要看作是有关正当（right）或应当（ought）的研究。对于伦理学的任务，摩尔认为伦理学的任务就是讨论这类问题和这类陈述：当我们提出怎么办才是正当的问题时，我们要证明什么是正确的答案；当认为我们关于人们的品性或行为道德性之陈述是正确的还是错误的时候，我们就会提出理由来。概而言之，就是讨论有关正当、人们的行为和品性的问题，并且要提出理由来。德国哲学家包尔森认为伦理学的职能和任务就是决定人生的目的（善论）以及达到目的的手段（德论或义务论）。在绝大多数情况下，当我们的陈述中包含"德性""恶行""义务""正当""应该""善""恶"这些术语中任何一个的时候，我们就是在作伦理判断。因此，在伦理学概念体系中，"善""正当""应该"等概念无疑居于核心位置。下面简单对这三个概念进行阐释。

1. 善

"善"是伦理学的一个基本概念。何谓"善"呢？"善"从词源上看，与"义""美"同义，都是"好"的意思。《说文解字》说："善，吉也，从言从羊，此与义、美同意。"《牛津英语辞典》也认为善就是好："善（Good）……表示赞扬的最一般的形容词，它意指在很大或至少令人满意的程度上存在这样一些特性，这些特性或者本身值得赞美，或者对于某种目的来说有益。"虽然，善和好在英文中都是"good"，但在中文中，二者所表达的意思却有区别。"在中文中，通常认为'好'既可用于道德语境，也可用于非道德语境，而'善'则只可用于道德语境，甚至可说，'善'是具有道德性的'好'。"[①]的确，我们常说的"好人好事"即含有伦理判断，但"好衣服"等却没有伦理意味，因此"好"相对来说，其外延比"善"更为宽泛。

一般认为，善具有两种含义。亚里士多德认为："善显然有双重含义，其一是事物自身就是善，其二是事物作为达到自身善的手段而是善。"[②] 摩尔在

[①] 黄正华：《好、正当与应该——伦理学基本概念之间的一种可能关系》，载《福建师范大学学报（哲学社会科学版）》，2012年第2期。

[②] 王海明著：《新伦理学》，商务印书馆2001年版，第32—34页。

其《伦理学原理》中指出"善的事物"与其他事物之间的关系有两种：一事物可以被断定为或者它本身是善的，或者它与另一本身是善的事物具有因果关系，即它"作为手段是善的"。①罗斯（Ross, D.）将善分为"内在善"和"外在善"，他认为："内在善最好定义为不是它所产生的任何结果而是它自身就是善的东西。"所谓"内在善"也可以称之为"目的善（good as an end）"，或"自身善（good-in-itself）"，是其自身而非其结果就是可欲的、就能够满足需要、就是人们追求的目的的善。例如健康长寿。所谓"手段善"也可以称之为"外在善（extrinsic good）"，乃是其结果是可欲的、能够满足需要、从而是人们追求的目的的善，是能够产生某种自身善的结果的善，是其结果而非自身成为人们追求的目的的善，是其自身作为人们追求的手段、而其结果才是人们所追求的目的的善。例如，人们热爱冬泳，是因为冬泳是达到健康的手段，冬泳是手段，健康是目的。

内在善与手段善的区分往往是相对的。艾温说："一些东西可能既是手段善也是目的善，这在所有的事物中是比较好的东西。仁慈就是这种东西，因为它不但自身善，还能产生幸福。"那么，有没有绝对的内在善呢？有的。所谓绝对的内在善，亦即至善、最高善、终极善，也就是绝对不可能是手段善而只能是目的善的内在善。至善、目的善、手段善与罗斯、艾温所列举的其他善一样，都是指满足需要、实现欲望、达成目的的效用性。只不过目的善和至善是其自身就是可欲的、就能够满足需要、就是人们追求的目的；而手段善则是其结果是可欲的、能够满足需要、从而是人们追求的目的。

因此，所谓善也就是事物所具有的能够满足需要、实现欲望、达成目的的效用性，是人们所赞许、所选择、所欲望、所追求的东西："我们可以采用一个专门术语，把善界定为引发正面态度（用罗斯的话）的客体。'正面态度'意味着包括所有赞成态度。它包括：选择、欲望、喜欢、追求、赞许、羡慕。"像康德经常说的一样，善是我们应该做的行为。除了被要求的像"应

---

① ［英］摩尔著，长河译：《伦理学原理》，上海人民出版社2003年版，目录。

当的"事之外，善没有任何别的内容。① 因此，善是客体有利于满足主体需要、实现主体欲望、符合主体目的的属性，意味着：善乃是人或主体的一切活动或行为所追求的目标。②

2. 正当

"正当"在英文中对应的单词是 right，与 good 一样，right 既可用于道德语境，也可用于非道德语境。而正当一般用于道德语境，非道德语境中的 right 一般译为"对、正确"，我们会说正确的路，而不说正当的路。一般而言，正当表达行为，正当的行为是能产生较多善和较少恶的行为，是行为的道德善。

关于如何使行为成为正当的等问题的论争众说纷纭，不同的伦理学流派之间存在分歧，如功利主义与其对手之间的观点就不同。功利主义的代表人物密尔认为"行为是依它们增进幸福的程度而相应地为正当的"。摩尔在《伦理学原理》中则宣称，"正当"意味着"能产生尽可能多的善"，即正当与"最好的"同外延性。③ 罗斯对此提出了质疑，他认为"理想功利主义"的理论的本质性的缺陷在于，它忽略了，或者至少没有足够公正地对待义务的高度个人性的特征。如果唯一的义务是产生最大量的善，那么谁应该受益的问题④是值得追问的。正当不仅仅只能产生可能的最好后果。我们必须尽可能远地追踪它们的后果，不仅仅是对那些直接受影响的人的后果，也包括对那些间接受影响的人的后果，而对这些做法，我们无法设置任何界限，追踪这些后果到无尽的将来去。一种行为成为善的与成为最好的并非一回事，而且一种行为之为最好的并非它之为正当的基础。

一种行为之为正当，不是因为它（作为一种事物）产生了某些不同于它

---

① ［德］莫里茨·石里克著，孙美堂译：《伦理学问题》，华夏出版社 2001 年版，第 11 页。
② 王海明著：《新伦理学》，商务印书馆 2001 年版，第 43 页。
③ ［英］戴维·罗斯著，菲利普·斯特拉顿-莱克编，林南译：《正当与善》，上海译文出版社 2008 年版，第 62 页。
④ ［英］戴维·罗斯著，菲利普·斯特拉顿-莱克编，林南译：《正当与善》，上海译文出版社 2008 年版，第 77 页。

自身的好的结果；它之为正当，乃是因为产生了某种事态。这样的一种产生在其自身就是正当的，不用考虑后果。正当者之为正当，并非因为它（一种事物）是将要产生另一种事物（对普遍福利的一种增加）的一种行为，而是因为它本身就是对普遍福利方面的某种增加的产生。罗斯认为，正当的行为是合乎道德义务的行为。正当（right）和不正当（wrong）亦即所谓道德善恶。所谓道德善恶或正当不正当，乃是行为对于社会创造道德的需要、欲望、目的的效用性：相符者即为道德善或正当；相违者即为道德恶或不正当。正当或道德善的分析表明，究竟什么行为和品德是正当的或道德善，是个十分复杂的问题；直接说来，它取决于该行为和品德对于道德目的的效用；最终说来，则一方面取决于行为和品德的本性究竟是什么，另一方面取决于道德目的究竟是什么。

3. 应该

应该是一种行为的善，是行为事实对于一切主体的需要、欲望、目的的效用性，是行为对于目的的效用性。凡是具有应该概念的判断都叫做价值判断。王海明在其《新伦理学》中对"应该"的内涵与外延作出了明确的阐述，主要有两层意思。一是应该属于客体范畴，也即应该的行为是未发生的行为，仅仅存在人们的意识、目的领域。"应该"的行为不是主体的活动，而是主体的活动对象；不是主体的属性，而是客体的属性；不属于主体范畴，而属于客体范畴，仅仅存在于意识、目的领域，它仅仅是意识、目的领域的善。一个人的能够达到其目的从而能够满足其需要和欲望的行为，叫做善的行为；反之，不能或阻碍达到目的、阻碍满足需要和欲望的行为，叫做恶行为。[①] 行为的这种善或善性，便是所谓的"应该"。反之，恶行为的恶或恶性，则是行为所具有的不能够达到目的、满足需要、实现欲望的效用性，简言之，也就是行为的不能够实现其目的的属性。行为的这种恶性，便是所谓的"不应该"。二是应该和不应该并不一定具有道德含义，它们只是行为对于目的的效用性。只有行为的善才是所谓应该；应该是并且仅仅是行为的善，是行为对

[①] 王海明著：《新伦理学》，商务印书馆2001年版，第43页。

于目的的效用性,是行为的能够实现其目的的效用性,是行为所具有的能够达到目的、满足需要、实现欲望的效用性。① 应当或应该的外延比正当广阔得多。正当则是行为的道德善,是行为事实对于一种特殊的主体——社会——创造道德的需要、欲望、目的的效用性。麦凯将应当或应该分为道德应该与知识应该两类,知识的应该又可称为"非道德应该"。所谓道德应该与不应该,亦即正当与不正当,是对于道德目的的效用性:相符者即为道德应该,即为正当,即为道德善;相违者即为道德不应该,即为不正当,即为道德恶。②

某种行为应该为之的前提是这个行为是善的或正当的,那么,到底是基于善标准还是正当标准呢?这也就是善与正当何者优先的问题。关于何者优先,不同的哲学家有不同的看法。罗尔斯提出了其正义原则,第一个优先原则是自由的优先性,第二个优先原则是正义对效率和福利的优先,而在这两个优先的后面还蕴含着第三个也是最重要的优先,即正当(right)对善的优先。③ 但也有人认为正当标准应该是从属于善标准的。"一个行为是正当的,只是因为它是善的,或在众多可供选择的行为中,某行为之所以是正当的,只是由于相比于其他行为,它更善。"④ 讨论何者优先是一个伦理学中的问题,在此不作详述。只要行为选择是合理的,无论采用哪种标准都是可行的,甚至标准本身就不是单一的,而是多元的。事实上,很多时候,判断一个行为是否正当或善,需要多重标准来衡量。讨论何者优先并不是伦理学的基本问题,重要的是看在判断某种行为的合理性时选择标准的依据是否充分,以及标准的适用性。

(三)学生评价的伦理诉求

为什么学生评价需要伦理来规范?这与学生评价的教育属性是分不开的,

---

① 王海明著:《新伦理学》,商务印书馆2001年版,第45页。
② 王海明著:《新伦理学》,商务印书馆2001年版,第47页。
③ [美]约翰·罗尔斯著,何怀宏、何包钢、廖申白译:《正义论》,中国社会科学出版社1988年版,译者前言。
④ 黄正华:《正当与善:优先性问题的问题》,载《伦理学研究》,2012年第4期。

学生评价本质上是为了学生的评价，而不是为了评价的评价。内伏在讨论"用什么标准对评价进行再评价"时，提出了四类标准：实用性标准（确保评价为实际信息需求服务），可行性标准（确保评价是现实的和稳健的），适宜性标准（确保评价合法且合乎道德地实施）和准确性（确保评价揭示和传达专业上的充分信息）。① 道德性是学生评价必须考虑的一个因素。

1. 教育评价的价值属性决定了学生评价的伦理属性

在测量受到批判的同时，教育评价兴起了。1933—1940 年，PEA 会长艾金（Aikin，W. M.）领导开展了历史上有名的"八年研究"。"八年研究"的主要目的在实验核心课程（core curriculum），为达成新课程的目标，符合新教育精神，极需要有一套符合新课程目标的考查法。为此组成了以泰勒（Tyler，R. W.）为中心的评价委员会，他们以全面发展人的才能为主要目标，从事研究教育成绩考查的方法。"八年研究"促成了一种新的评价学生的方式，不再用测量与测验时期的流行观点来进行评价。泰勒在"八年研究"报告（《史密斯-泰勒报告》）中，首次提出并正式使用"教育评价"这一概念，他明确提出："评价过程本质上是一个确定课程与教学计划实际达到教育目标的程度的过程。但教育目标本质上是指人的行为变化，因此，评价是一个确定行为发生实际变化的程度的过程。"泰勒因此被称作教育评价之父。该概念超越了教育测量的范畴，通过评价发现学生学了什么以及这些东西的价值，从而与测量相区别。

在随后的几十年间，泰勒的"评价"概念被广泛使用。20 世纪 50 年代末 60 年代初，克龙巴赫（Cronbach，L. J.）提出，评价并不是只调查某一教程是否有效，而是要确定教程需要改进的方面；评价不是竞争决定优劣，而是作为一个收集和反馈信息的过程。为此，他把评价界定为："为做出关于教育方案的决策收集和使用信息。"然而，将评价定义为"为制定决策提供信息"，似乎忽略了评价的判断性。斯克里文（Scriven，M.）认为，评价是根据一组加权（weighted）的目标标准，收集和综合有关的现象资料，以形成比较的

---

① 瞿葆奎主编：《教育评价》，人民教育出版社 1989 年版，第 355—356 页。

或价值的判断,并说明资料收集方式、加权数和目标选择的合理程度。斯塔克(Stake,R. E.)把评价看作是既有描述又有判断的活动。比贝(Beeby,C. E.)则把评价定义为"系统地收集和解释证据,并以此作为评价过程的一部分,进而以行动为取向进行价值判断"。他认为,评价在于收集系统而非零散的资料,并将这些资料以评判性的思考进行整理和解释。在这里,比贝首次提出"价值判断"问题。他强调评价要对教育活动的价值作出判断,包括对教育目标本身作出判断,使评价活动有助于决策的科学化。比贝深化了评价的内涵,其"价值判断"的观点受到认可。20世纪70年代以后,研究者基本上取得了一致的看法:或者把评价定义为一种对优缺点或价值的评估,或者把评价定义为一种既有描述又有判断的活动。1971年,美国学者格朗兰德(Gronlund,N. E.)用下列式子表述评价的概念:评价=测量(量的记述)或非测量(质的记述)+价值判断。至此,评价本质上是一种价值判断的认识才得以确立,而测量充其量只能作为评价的一种手段。

2. 教育的道德实践本质决定了学生评价应该合乎伦理

我国学者何怀宏认为:"道德现象的两个形式要件:首先,它一般是关涉到他人,关涉到社会的;其次,它还须是以一种外在的、实际可见的、会对他人产生影响的行为方式关涉到他人和社会的。"从这点上说,教育无疑是一种道德实践活动。教育从其终极目的来说,是人们对善的不断追求,善与教育实践联系紧密,如教师对学生的关爱、学生对知识美德的追求等,可以说教育问题始终伴随于伦理问题。《说文解字》中有:"教,上所施下所效也","育,养子使作善也"。它指出教育的目的是使人为善。在西方,众多教育家对教育的道德性做了多种阐述。雅斯贝尔斯指出:"所谓教育,不过是人对人的主体间灵肉交流活动(尤其是老一代对年轻一代),包括知识内容的传授、生命内涵的领悟、意志行为的规范,并通过文化传递功能,将文化遗产教给年轻一代,使他们自由地生成,并启迪其自由天性。"[①] 赫尔巴特曾说:"教育

---

① [德]卡尔·雅斯贝尔斯著,邹进译:《什么是教育》,生活·读书·新知三联书店1991年版,第3页。

的唯一工作可以总结在这一概念之中——道德。道德普遍地被认为是人类的最高目的,因此也是教育的最高目的。"杜威、克伯屈认为,教育以儿童的生长和自由为目的才能保证必要的道德防线,教育方案的道德基础在于民主主义和实验主义,"教育中对民主观念和实验程序的承诺,就是一种道德的承诺"[1]。英国哲学家彼得斯经过系统分析后发现,"教育"无论作为成就词(achievement word)还是作为任务词(task word)来使用,在日常生活语境或理论陈述中都带有规范性含义,"它意指正在或曾经以某种道德上可以接受的方式有意识地传授某种有价值的东西"。活动或过程一旦被某人称作"教育",就意味着他在伦理价值上已经认可了它的内容和方式;如果他认为它的内容没有价值甚至有害,或者认为它的方式在道德上不可接受,他就不能称之为"教育"。否则在逻辑上就自相矛盾。[2] 一种活动或影响若被称作"教育",必须同时满足两个规范标准:其一,它必须传递有价值的内容;其二,它必须采取道德上可以接受的传递方式。[3] 第一条标准鲜见疑义。但对于第二条标准是不是"教育"的必要标准是有争议的。

教育是一种道德实践活动已经勿须再过多证明了。教育的道德性决定了教育评价必须合乎道德,必须遵循一定的伦理规范。学生评价居于教育评价的核心,其根本目的在于引导和促进学生发展,更需要伦理规范的调适。就评价本身而言,其作用并不必然是正向的,既有积极的,也有消极的。积极效应表现在:(1)促进确认(confirmation)的效应,促进师生分别确认指导的成果和学习的成绩;(2)激发动机的效应;(3)调整努力和时间分配的效应;(4)强化成功经验的效应;(5)消退失败经验的效应;(6)调整儿童学习态度的效应;(7)赋予安全感。而消极效应则表现在:(1)赋予不安全感;

---

[1] 陈桂生、范国睿、丁静主编:《教育理论的行质与研究取向》,华东师范大学出版社 2006 年版,第 336 页。

[2] 陈桂生、范国睿、丁静主编:《教育理论的行质与研究取向》,华东师范大学出版社 2006 年版,第 340 页。

[3] R. Peters. *Ethics and Education*. London:Allen and University, American Edition,1967,p.3.

(2)对学生形成自我概念的消极效应;(3)助长个人主义的学习态度。① 还有研究者指出,教育评价的副作用主要有"误导、工具化、不公平、心理扭曲等","完全采取量化的标准,容易导致评价结果失真,尤其是统一的量化标准将会导致受教育者主体性的丧失"②。的确,学生评价作为一项人为的活动,它的作用并不必然是正向积极的,可能会给学生的发展造成消极的影响,特别是当评价被误用或滥用时,更是如此。例如,将标准化测验置于学生评价的主导位置,以分数作为评价学生的唯一指标。教育本应是育人的,而被异化成育分,分数比成长重要,教育被扭曲了,评价成了"帮凶"。"学生评价异化成为一种促进学生、学校之间分等级、进行优胜劣汰的强制性工具,异化成为政府用来控制教育按照其意图进行发展的一项得力措施,异化成为精英教育得以推行、发展的催化剂。"③ 同时,由于标准化测验过度信奉无法被测量的事物是不真实的,导致学生的发展中很多因素,如品行、兴趣、学习态度等无法得到有效检测,也就成为学生评价中被忽略掉的重要因素导致了学生的片面发展。鉴于学生评价存在给学生发展造成消极影响的可能,评价者在对学生进行评价时必须遵守一定的伦理规则,以避免或降低可能对学生造成的伤害风险。

学生评价作为教育领域的日常实践,公正合理的评价不仅能促进学生的发展,而且也教会了学生能以客观公正的态度去评价社会。因此,学生评价的道德本性要求不仅关注评价的技术改进,更要关注评价的价值和伦理规范,不仅要问"如何",更要问"为何",也决定了学生评价除了求真(科学性)之外,还需对其本体价值进行反思,"不但要体现主体的需求与利益尺度,而且要关心教育应该是怎样的,怎样的教育应该是有意义的"④。

---

① 瞿葆奎主编:《教育评价》,人民教育出版社1989年版,第145—146页。
② 曹长德:《论教育评价的副作用》,载《安庆师范学院学报(社会科学版)》,2011年第10期。
③ 王凯:《英国基础教育中学生评价的转向及趋势研究》,载《外国教育研究》,2003年第1期。
④ 尹艳秋:《对教育评价本质有关问题的思考》,载《教育评论》,2002年第6期。

3. 学生评价中的伦理冲突需要用伦理规范来调适

从理论上来说，评价研究的两条路径应该并行不悖，二者的结合构成完整的评价认识。然而，现实中却存在科学的未必是合乎伦理的（或者反之）现象，两条路径时有冲突。"从大量的教育评价实例来看，评价工作者在伦理方面所遇到的挑战，要远远大于在评价技术上面临的困难，他们经常对'什么是最恰当的评价行为'感到疑惑。"[①] 很多时候，评价者即使掌握了评价技术，但面对真实而复杂的评价情境时会难以做出抉择。

正如前反复所述，学生评价不是一项纯技术的活动，教师等人在评价学生的过程中可能会遭遇各种冲突和对立。Sieber 概括出评价中的三种基本冲突：科学家、管理者和支持者之间的角色冲突；获取数据和保护隐私之间的冲突；来自上级和广泛的支持者之间的压力冲突。[②] 这些冲突有时候很难用简单的"对与错"来评判，而是让评价者陷入一种道德困境或者道德两难。道德困境是指道德主体需要在两种乃至以上的正价值观和行动过程中做出艰难的抉择。然而，很多时候，道德主体"不是在善与恶，即正价值与负价值之间进行选择，也不是在善与非善，即有无价值之间进行选择，而是在善与善，即正价值与正价值之间进行选择"[③]。在很多情境下，很多事情不是在"对与错""是与非""善与恶"之间进行选择，而是在相互竞争的对、是与善之间选择，这样的选择无疑是困难的。

道德困境在真实的学生评价中是很常见的。从根本上来说，道德困境"迫使教师将学生作为人来深思，以及思考自己对学生可能产生的影响"[④]。例如，一位学生家长对学生非常严厉，考试成绩不理想就会暴打学生，如果某次该学生考试成绩没有达到家长的要求，为了逃避挨打，学生擅自修改了考

---

① 转引自蔡敏：《美国教育评价的伦理规范建设及其启示》，载《外国教育研究》，2005 年第 6 期。

② Joan E. Sieber. Being Ethical: Professional and Personal Decisions in Program Evaluation. *New Directions for Program Evaluation*，1980（7）：52.

③ 韩东屏：《论道德困境》，载《哲学动态》，2011 年第 1 期。

④ ［加拿大］伊丽莎白·坎贝尔，王凯译：《教学的伦理维度》，载《教育科学论坛》，2015 年第 1 期。

试分数,那么教师是否应该告知家长真实的分数呢?如果告诉,学生难逃挨打,如果不告诉,学生的不诚实显然不值得提倡,教师该如何做呢?"所有这样的教师时常挣扎于道德和伦理的困境。这些困境刺痛着他们的良知,迫使他们妥协破坏道德敏感性,危及专业自治感。"① 再如,学生评价中教师面临的角色冲突,当学生的学业成绩作为学校考核教师的一项重要指标,此时教师是以学生的发展为目标呢,还是以加班加点牺牲学生休息时间为代价来提高学生的分数呢?这些冲突、对立等是无法完全用技术思维来解决的,只能通过伦理规则来调适,在也许都是合理的不同冲突、对立和困境中选择对学生最有利的行为,规避对学生发展不宜且可能有害的行为。在现实中,人们可能遭遇的伦理困境是极为常见的,比如:"清晨,你在上班的路上经过一个池塘,一个孩子在池塘中溺水了,你对孩子的困境完全没有任何责任。你能救起这个孩子,代价是弄湿自己的衣服和花费几分钟的时间。你应该怎么做?"彼得·辛格认为,你有明确的义务去拯救孩子。他断定,存在一种普遍的防止伤害的责任。② 由此而论,是否可以说老师只要是出自对学生本身的关心,其行为即使有违道德也都是可以谅解的呢?学生评价与伦理内在地缠绕在一起,但这并不意味着学生评价实践天然是好的,什么是好的学生评价还需要从伦理的角度来进行审视。

(四)学生评价伦理的界定

伦理学的核心概念可以作为我们分析何谓学生评价伦理的理论工具。从根本上来说,学生评价伦理所讨论的问题就是对什么样的学生评价是善的或好的的反思与追问,这是一个总的问题,正当的学生评价以及应该或应然的学生评价则是其下位问题,是对好的学生评价的具体阐述和论证。因此,从伦理学视角来审视学生评价,是从终极意义上来追问学生评价"应当如何",有助于人们思考对学生的评价应该如何改革才能更为道德,才能使学生评价

---

① [加拿大]伊丽莎白·坎贝尔,王凯译:《教学的伦理维度》,载《教育科学论坛》,2015年第1期。

② [英]蒂姆·莫尔根著,谭志福译:《理解功利主义》,山东人民出版社2012年版,第72页。

更加着眼于促进学生的发展，真正发挥评价的正向引导功能。

1. 学生评价伦理的内涵

善的事物分为两种，本身是善的与作为手段是善的，即前面所言"内在善"（目的善）或"外在善"（手段善）。摩尔也认为"在伦理讨论中提出的论证往往有两类：一类证明所讨论的行为本身是善的，另一类证明它作为手段是善的"[①]。因此，从伦理学的视角来审视学生评价，学生评价伦理也应包含两层意思。一是学生评价本身的善恶，学生评价的事实如何与应当如何，也就是什么样的学生评价是好的（善的）。其主要内容为学生评价实践中应该遵循哪些伦理规范以保证其自身是善的，以善恶为标准来衡量学生评价活动中评价者与评价对象的行为以及学生评价目的、制度、方法、技术手段及其应用方式是否符合道德，应用伦理原则、规则、理由去分析和处理产生于学生评价领域里的道德问题，为学生评价主体提供行动指南。二是学生评价作为促进教育目的实现之手段，它也应该是善的，例如它能促进学生的全面可持续发展，能为教学提供正向反馈。从根本上来说，符合伦理的学生评价必须是善的，这种善不仅包括目的善还包括手段善，其也应该符合至善。

学生评价伦理不仅阐释学生评价实践应遵循的伦理规则，也关注实践者对伦理规则的理解，以及在评价实践中，评价双方如何理性地处理实际的伦理问题，特别是伦理困境，需要评价者以一种批判性的眼光去审视习以为常的评价实践。在功能设定上，学生评价伦理规范不仅必须抑评价行为之恶，而且也应该扬学生评价行为之善，也即抑恶和扬善是学生评价伦理规范建设必不可少的两个方面，是学生评价伦理功能的两个重要向度。对一个评价者而言，伦理意味着除了成为一个道德意义上的好人之外，还应该"知道评价者对顾客、科学和社会所承担的特殊义务；理解随后在项目评价产生的伦理冲突中的角色冲突；承认伦理规划和决策——这些冲突的预期与规避——涉及到一种方法论，这种方法论能够通过学习学会，它作为评价设计的一部分与研究方法论是相同的；需要并利用这种方法论去创造性地解决伦理冲突，

[①] [英]摩尔著，长河译：《伦理学原理》，上海人民出版社2003年版，第36页。

履行一个评价者的职责"①。

然而,应该认识到,从伦理学的视角来考察学生评价是一项非常复杂的实践活动。"因为关于价值、应该、善的科学,比任何关于是、事实的科学都复杂得多。后者只由关于事实之一种认识构成;而前者则由关于价值和事实以及主体的需要三种认识构成。"②事实上,这也是造成学生评价研究两条路径之间冲突的原因之一,科学的或技术的路径更多强调的是事实,追求客观,用可测量、可观察的行为来评价学生的学习结果或行为变化,而伦理的或价值的路径则不仅强调事实,更是要在事实、价值以及主体的需要之间进行调适和规范,价值及主体的需要往往是多元的,有时候是冲突的,如何在不同的主体间达成共识并非易事,同时加上缺乏刚性的规则,容易形成"公说公有理,婆说婆有理"的尴尬境况。正如韦尔默所言:"道德独断论和道德自欺常常为情境解释(包括需要和利益的解释)设置障碍。"③

2. 学生评价伦理的属性

学生评价伦理以"学生评价应该如何"为探讨的核心问题,即以合乎道德的方式来评价学生,属于应用伦理学(或称实践伦理学)研究范畴。应用伦理学是研究如何运用普遍道德原则和道德规范去解决具体道德问题的学问,直接关注具体的道德问题,特别是有争议的道德问题,环境伦理学、计算机伦理学、生命伦理学、工商伦理学、教育伦理学等目前是应用伦理学较为关注的热点领域。它与理论伦理学共同构成伦理学。理论伦理学的任务在于发现社会道德生活的原理或者规律,而应用伦理学的任务则是将伦理学的基本原则应用到社会生活中,对社会生活各领域进行道德审视,其最直接的目的是为解决实际的伦理纷争,求得一个伦理社会的共识和集体的行为选择。④ 摩

---

① Joan E. Sieber. Being Ethical: Professional and Personal Decisions in Program Evaluation. *New Directions for Program Evaluation*, 1980 (7).

② 王海明著:《新伦理学》,商务印书馆 2001 年版,第 79 页。

③ [德] 阿尔布雷希特·韦尔默著,罗亚玲、应奇译:《伦理学与对话》,上海译文出版社 2013 年版,第 105 页。

④ http://baike.so.com/doc/8424237-8984876.html.

尔认为实践伦理学关注的是"我的行为将产生什么效果。实践伦理学最多只能希望发现：在某些条件下的少数可能的选择之中，哪个选择整体说来会产生最好的结果"①。为了正确决定我们应该追求什么事物状态，我们不仅必须考虑什么是我们可能取得的结果，而且必须考虑在同样可能取得的各结果中，什么具有最大价值。② 也就是说，实践伦理学关注行动所带来的结果，在面临道德困境时，选择能产生最大价值结果的选项。

学生评价伦理应用的对象是学生评价实践中一些具体的道德困境，为评价者提供一定的行动指南及作出相应的道德约束，也即告诉评价者哪些该做哪些不该做。正如摩尔所言："实践伦理学，它所探究的不是'什么应该存在？'，而是'我们应该怎么办？'。它所探究的是：什么行为是义务？什么行为是是？什么行为是非？"而"断言一个行为是义务，就是断言它是这样一种可能的行为，即在某些已知条件下，它总会比任何其他行为产生一些较好的结果"。③ 对于应用伦理学是如何运用于具体的道德情境的，有研究者认为应用伦理学原则于个人与制度的行为与事件的基本方式是一种双向的思考过程。这种方式用罗尔斯的术语来说就是通过"反思平衡"，我们把相关的伦理学原则同相关的行为案例或场合两者相互联系起来。④

三、两条路径的调和

在学生评价研究中，技术的和测量的路径与价值的和伦理的路径不是非此即彼的，也不是抑此扬彼的，而是学生评价发展的两翼，都不可或缺。如果要致力于提升学生评价的品性，必然要调和两条路径。然而，在科学主义范式的主导下，当前学生评价的技术的和测量的路径无论在理论层面还是实践层面乃至国家政策话语体系中都处于主流位置，如《国家中长期教育改革

---

① [英]摩尔著，长河译：《伦理学原理》，上海人民出版社2003年版，第192页。
② [英]摩尔著，长河译：《伦理学原理》，上海人民出版社2003年版，第233页。
③ [英]摩尔著，长河译：《伦理学原理》，上海人民出版社2003年版，第226页。
④ http://baike.so.com/doc/8424237-8984876.html。

和发展规划纲要（2010—2020年）》明确提出了"改革考试评价制度和学校考核办法，建立科学的教育质量评价体系，改进教育教学评价"，科学性依然是教育评价中的主导话语。

相比于技术的测量的路径，伦理研究缺乏刚性的、公认的规则与规范以及评价标准。康德提出"任何人都不能把一个人仅仅当作手段（不管是对自己还是对别人），他必须同时还要被当作是目的"的"绝对命令"，那么由"绝对命令"推导出的道德规范是否存在普遍有效性或是否可一般化呢？在普遍之外是否存在例外呢？比如，"不应当撒谎"在任何时候都应当被遵守吗？在什么样的情景下存在例外呢？"杀人是被禁止的"，但怎么解释"安乐死"的合理性呢？德国哲学家韦尔默认为，如果存在一个"能够被公开地拥护"的理由，那么就可以为违反一个道德规范的行为进行辩护，但这种理由也必须可一般化，由此面临着两难，即："我越是精确地描述所涉及的情境类型的特征，这种准则的适用领域就越小；我的特征描述越笼统，这种准则就越不确定。"①

道德情境是复杂的，伦理准则仅是一种道德合约和道德应当，是一种不可一般化的道德准则。很多时候，存在多种伦理规范，"道德上复杂的情境的问题所关心的是，在诸规范发生冲突的情形中，我们怎样理解对例外的辩护"②。然而，我们对例外的辩护并非易事，很难找到"公共地提倡的理由"，导致相较于技术规范的"刚性"，伦理规范过于"软性"，由此处于相对"弱势"的地位。正如美国学者Susan所言："（伦理的）这项任务（涉及到描述价值、目标和目的的任务）显然更难，并且它通常还没做。两个领域的融合——一个结构化的、技术的和科学的、社会的和经济的；另一个，道德、价值和设想，通常是矛盾的和相互竞争的——是一项评价领域还没遇到的伦

---

① [德] 阿尔布雷希特·韦尔默著，罗亚玲、应奇译：《伦理学与对话》，上海译文出版社2013年版，第19页。

② [德] 阿尔布雷希特·韦尔默著，罗亚玲、应奇译：《伦理学与对话》，上海译文出版社2013年版，第100页。

理挑战,尽管很明显它需要在取得进步之前得以解决。"① 马陶谢克也说:"道德一直都是一门不精准的科学,它是一种概率游戏,以固定特性为基础,但是却存在很大的变数。"② 道德如此,伦理学也如此。但伦理的这种属性并不意味着其不重要,它的弱势恰恰是"因为关于价值、应该、善的科学,比任何关于是、事实的科学都复杂得多。后者只由关于事实之一种认识构成;而前者则由关于价值和事实以及主体的需要三种认识构成"③。简而言之,伦理的弱势在于其复杂性。

那么,如何才能调和学生评价的技术与伦理两条路径呢? 一方面,要加强学生评价伦理的理论研究,制定一套基于实践的伦理规范,以此规约学生评价的评价者与被评价者。学者何怀宏说过:"伦理论述不是任何人在任何时间和任何地点都可以拥有的、正确定理的体系本身,而是绝对受个人、时间和地点的制约的。有了这种规定,'伦理的'就不会失去其意义,它的保证,它的分量正在于有了这种规定。与此相反,没有规定,'伦理的'可以由任何人掌权,这就是'伦理的'软弱无力的原因。"④ 也即伦理的"软弱"正是因为其缺乏一定的硬性规定,对人们的行为并没有形成某些的限定,使伦理成了说起来重要,做起来却可忽视的东西。有时候,"伦理规则与规范是理性的、合逻辑的、清晰无误的,而关于学生、家庭、同事组成的伦理现实却是混乱的、混沌无序的"⑤,的确,制定一套规则体系也许是容易的,但现实却过于复杂,运用规则也难以调适。如"不许说谎"是一条规则,但杀手来追杀藏在你家中的朋友,你能说真话吗? 很难简单地下结论,因为情境是复杂的,任何一种选择都值得道德拷问。

从已有研究来看,学生评价伦理理论研究依然薄弱,仍未形成一套公认

---

① Susan Salasin. The Evaluator as an Agent of Change. *New Directions for Program Evaluation*, 1980 (7): p.2.
② [美] 马克·马陶谢克著,高园园译:《底线——道德智慧的觉醒》,重庆出版社2013年版,第12页。
③ 王海明著:《新伦理学》,商务印书馆2001年版,第79页。
④ [德] 朋霍费尔著,胡其鼎译:《伦理学》,上海人民出版社2007年版,第218页。
⑤ 周海玲:《论教师专业伦理的服务性》,载《教师教育研究》,2015年第2期。

的伦理规范。事实上，如前所述，要形成一套可一般化或称普适性的伦理规范是很难的。可以说，规范本身具有一种情景的指引，它把它们束缚在它们所由以产生的情景上。这种情景又分为基本的情景和复杂的情景，需要在道德上基本的情景与道德上复杂的情景之间找到对称，道德准则与实践准则之间总是存在一定的差距。当然，对于伦理规范准则是否必须是普遍适用的，也存在争议。黑尔认为："道德语言必须是既普遍适用，又完全公正的"，而一些当代道德哲学家对此予以否认，认为"道德体系可以不必完全公正。我们必须将'道德观点'视做一种在我的观点和他人观点之间达成的妥协，而不是将其等同于完全公正的'总体观点'"[①]。

美国教育界很重视学生评价对教育质量的影响，为了改革学生评价中存在的问题，试图在教育领域建立起关于学生评价的"共同语言"，历时五年，制定了《学生评价标准》，该标准涵盖范围很广，包括"适宜性标准、应用性标准、可行性标准和准确性标准"四个方面，是对学生评价的目的、程序等的规范，其中不少是伦理规范，如保护学生的隐私、学生权利和权益的保护、学生评价中应没有偏见、保证结论是公平的，等等。该标准对什么是好的学生评价做出了规定性的界定，为教师及其他评价者提供行为指南，无疑能够全面提高学生评价的质量。但是，这些规则是否适用于任何情境呢？是否还有其他内容没有考虑进来呢？而且，并非所有的规则都是伦理规则，因为有些规则本身并不是道德性的，"即使它们包含一种绝对的'应当'，这些规则说的是，在某些情景中我们应当（或不可以）做某件事，或者我们应当（或不可以）以某种方式做某件事。这种应当或可以并不是一种道德的'应当'或'可以'"[②]，所以，还应该区分道德规则与非道德规则。

接下来，如何制定一套伦理规范准则也是需要考虑的一个问题。谁来制定？为什么？应该遵循什么样的程序呢？等等，这些问题都需要思考，否则

---

① [英] 蒂姆·莫尔根著，谭志福译：《理解功利主义》，山东人民出版社2012年版，第70页。
② [德] 阿尔布雷希特·韦尔默著，罗亚玲、应奇译：《伦理学与对话》，上海译文出版社2013年版，第125页。

很难令这套伦理规范是可信的,更遑论其能否具有普遍适用性。如前所述,伦理源自习俗,是一种风俗、习惯以及内在的品德,用以调节人与人之间的关系,伦理规范的形成是一个长期的过程,且得到社会成员的普遍认同和遵守。伦理规范准则要成为可信的,就不能是某(几)个人或某(几)个集团制定,而应该是一个公开且公正的过程。对于如何制定伦理规范准则,韦尔默提出了"道德商谈"的概念,道德商谈首先是关于从道德的观点理解实在性的正确方式的商谈。伦理规范调适的关系各方通过道德商谈,在"一般的解释,那些受影响者看待自己的方式,对情境的描述,对行为后果的理解,以及在一种情境内部可辨认出的备选的行为方式"不同维度之间达成一致,道德论争就消失了。[①] 当道德论争消失了,伦理规范准则也就具有了最大的公约性。此外,道德规范与道德实践并非总是一致的,"没有一种规范'包含'自己的应用规则",因此,在道德规范的情形中,不可能把和对规范的辩护有关的商谈与和规范的应用有关的商谈彼此绝对地分离开来,[②] 规则的制定与规则的应用都需要通过道德商谈来进行。

另一方面,将学生评价的目的、手段、方法等置于伦理的框架下来讨论,从善恶正邪的角度对学生评价的正当性进行分析和评判。技术的和科学的学生评价探讨的是"如何有效"的问题,有效更多是对效率的追求,如对标准化测试中试题科学性的研制就是提高评价的有效性。然而试题的科学性并不能完全回应"如何公正"的问题,对客观存在的学校差异、城乡差异以及个体差异,标准化测试的试题并不能顾及。在进行学生评价之前,学生评价的目的、手段、方法等便应置于伦理的框架下来讨论"是否公平、公正"以及"如何公平、公正",还需追问评价如何帮助学生寻找生命的意义(提升学生的幸福感)等问题,而不能仅仅关注"如何客观、科学""如何有效"等问题,应将二者结合起来。"教育评价的伦理性体现为评价的合目的性、合规范

[①] [德]阿尔布雷希特·韦尔默著,罗亚玲、应奇译:《伦理学与对话》,上海译文出版社2013年版,第103页。

[②] [德]阿尔布雷希特·韦尔默著,罗亚玲、应奇译:《伦理学与对话》,上海译文出版社2013年版,第105页。

性和合事实性，即符合'真'、'善'、'美'的尺度。"①

对于什么是最恰当的学生评价实践需要从科学性和合道德性两个方面来考虑，既需要完善评价的技术，提高评价的信度，也需要从道德的角度进行质询，讨论其必须遵守的伦理规范，为评价者与被评价者提供道德规约。

---

① 刘宗南：《知识论视野下教育评价的科学性与伦理性》，载《咸宁学院学报》，2008年第2期。

第二章 学生评价实践的伦理批判

从某种意义上来说,伦理学描述的是一种理想状态,研究的是事物的"应然"状态,因而具有批判性,其"理想性"建立在"现存的"批判基础上。学生评价是学校日常教育教学活动中的重要一环,对学校的教育质量起着重要的保障和引导作用。学生评价的目的是促进学生的发展,学生评价是手段,学生的发展是目的,应该将学生生命的发展作为评价教育质量的标准。然而,在学生评价实践中,许多做法是与学生评价伦理规范相违的,比如依据考试成绩给学生贴上"差生"的标签,对学生隐私权的侵犯,舞弊,等等。从伦理学角度来研究学生评价,必然要对其实践进行批判。当前学生评价中的许多问题的根源实质上可以归纳为"唯智主义"与"管理主义"。

一、"唯智主义"取向的学生评价及其伦理批判

案例:什么样的学生是好学生?

2002年,清华大学四年级学生刘海洋用火碱和硫酸残害北京动物园黑熊的事件引起了社会的广泛关注。他平时喜好生物,投毒主要是为了验证熊的嗅觉是否如书上说的那么灵敏,于是把硫酸混进饮料给熊喝,结果使北京动物园五只黑熊被烧伤。伤熊者刘海洋,自幼父母离异,由普通工人的母亲一手抚养大,从小生活简朴、刻苦好学,从小学到大学一直是老师和学校公认的优秀学生。他伤熊的动机,看来主要是为了做实验,验证熊的嗅觉灵敏度。

相隔三年,2005年,复旦大学三年级研究生张亮半年时间内,从网友处

领养了近 20 只小猫,对这些小猫先残害再抛弃,手段极其残忍,他辩称:"你知道我没有任何发泄的渠道,把小猫拿过来(养),一方面是因为小猫的可爱,我可以摸它……但是另一方面,我觉得如果我愤恨的话,小猫也可以提供一个给我这样发泄的渠道……"

两起事件也许不过"冰山一角"(更有甚者因琐事杀害同学,如复旦投毒案),其当事人都来自我国公认的名牌大学,在公众的心目中,能够进入这些名牌大学就读的学生无疑都是"好"学生、"拔尖"学生。然而,他们的所作所为却击破了人们观念中的"道德底线",甚至触犯刑法。人们在惊呼为什么接受良好教育的大学生会作出如此残忍的事的同时,难免会对中国社会评判好学生的传统标准提出质疑,即什么样的学生才是"好"学生,他们的"好"好在哪里呢?

当然,不同时期对好学生有不同的标准,"好学生传达出特定社会对学生的社会化的要求,对学生教育的要求,表征出教育选择的要求和教育选择的意识形态"[①]。在以考试制度为选拔人才的主渠道的教育制度下,由于教育资源的有限性,考试犹如一个"筛子",选择一部分人,淘汰一部分人。那些在考试中取得好成绩的学生就成了"好学生",而成绩不好的学生则被定义为差生。这种以考试成绩高低来评判学生的评价可称作"唯智主义"取向的学生评价。

(一)唯智主义的实质

"唯智主义",顾名思义,是强调智力优先的一种学生评价实践。与智力相对的是智育,即以学生智力发展为目的的教育,是学校教育培养目标(德智体美劳)的一项重要内容。

对智育的重视可追溯到古希腊时代,那时的智者们都非常重视知识在培养人才中的作用,苏格拉底提出了著名的命题"知识即美德",他认为一个人要有德行,就必须知道什么是道德,具有什么是勇敢、克己、公正、虔诚等

[①] 万作芳:《关于好学生标识的研究——谁是好学生研究之二》,载《内蒙古师范大学学报(教育科学版)》,2009 年第 12 期。

的知识。① 他们认为知识获得的过程同时也是美德养成的过程，二者是同步的。然而，从现实来看，二者的联系并不是那么紧密，知道是一回事，而如何做却是另外一回事，知与行之间并不是必然联系在一起的。一个人知道了很多关于美德的知识也难以说就一定具有美德，现实中不乏利用自己的所学去做违法犯罪的事，如化工专业的学生制冰毒。美德关乎品行，是一个人日常的表现。一个人只有将美德知识融入到自己的行动中，且具有一定的稳定性（不是一两次的偶然善行），我们才说他具有美德。

  知识按照不同的标准可以分为不同的类型。一是陈述性知识和程序性知识。后来从程序性知识中又分化出一类特殊的程序性知识，称为"策略性知识"。陈述性知识即是关于"是什么"的知识，程序性知识则是关于"怎么样"和"如何做"的知识。应试知识更多是教材、教辅等呈现的知识，而这些知识实质上是一种陈述性知识，以记忆为主。在布卢姆的教育目标分类中，认知领域的教育目标被进一步分为知识、领会（或"理解"）、运用、分析、综合和评价六个由低级到高级的水平。2001 年，以安德森（Anderson, L. W.）为首的研究小组对布卢姆 1956 年的教育目标分类学进行了修订。修订的布卢姆认知目标分类学是从知识与认知过程相结合的角度来分析和看待教学目标、教学活动、教学评价以及这三者之间的一致性的。学生学习的内容可分为事实性知识、概念性知识、程序性知识和元认知知识四类，认知过程是学生在心里对这些知识（或用这些知识）做什么的描述，具体包括记忆、理解、运用、分析、评价、创造六类渐次复杂的认知过程。② 只有学会对所学知识进行价值判断，才能说真正掌握了知识。二是显性知识和隐性知识。该分类是由英国学者波兰尼（Michael Polanyi）提出，他认为显性知识通常被描述为知识的，即以书面文字、图表和数学公式加以表述的；而隐性知识是未被表述的知识，像人们在做某事的行动中所拥有的知识，知道但难以言述。教师教学以显性的书本知识为主，忽略了大量存在于环境、文化、课程等中

---

  ① 苏启敏著：《价值反思与学生评价》，北京师范大学出版社 2010 年版，第 91 页。
  ② 王小明：《布卢姆认知目标分类学（修订版）的教学应用初探》，载《基础教育》，2017 年第 4 期。

的隐性知识。

总体来说，唯智主义所强调的知识主要是知识的记忆，停留在知识的较低层面，更多关注以书本为主的显性知识，忽略了大量隐藏于环境中的隐性知识，难以对教学起到正确的引导作用。

（二）"唯智主义"取向的学生评价的特点

唯智主义主张智力在评价学生中的优先性，在现实中主要表现为如下特点。

1. 以考代评

评价具有一种筛选与分配的功能，即将合适的人挑选到适合的学校、岗位等位置，而筛选与分配最主要的方式是考试。"学校使用不同的考试来检测或者分流学生，以确保学生达到该年级水平，因为学校所有的活动都要对社会负责。""考试是我们生活中的一部分，有助于教育者和其他人根据能力来筛选和分配。"[①] 考试主要分为口试和纸笔测试，随着人类进入工业化时代，以纸笔测试为主的考试因其高效经济（能在短时间内测试大规模人群，且成本低）、简单易行（只用编制一套或几套试卷即可）、结果量化可比等特点而成为最为普遍的一种选拔与评价方式。学生不仅有终期考试，还有中期考试、月考、周考等，考试成为教师评价学生的最为重要（甚至唯一）的一种方式，于是就有了"考，教师的法宝；分，学生的命根"的说法。

以考代评将评价等同于考试，忽略了评价中的定性评价以及主体间的对话等"软性"的一面。对于考试所带来的弊端，加德纳甚至认为："我们应该远离考试，并且要断绝与考试的一切关系。我们应该着眼于那种更自然化的信息资源，也就是那种关于世界上的人们怎样发展与他们的生活方式密切相关的技能的信息，等等。"[②] 尽管说得有些绝对，毕竟考试仍有其价值，简单地摒弃是不对的，但需要认真思考考试在评价学生中所应发挥的作用，如何

---

① [美]巴兰坦著，朱志勇等译：《教育社会学》，江苏教育出版社2011年版，第43页。

② [美]Ellen Weber著，陶志琼译：《怎样评价学生才有效——促进学习的多元化评价策略》，中国轻工业出版社2016年版，第258页。

才能更好地评价学生。

2. 分数至上

如前所述，考试的盛行与其结果易量化是分不开的。纸笔测试主要考查的是学生对知识点的掌握，且都有标准答案，容易评分。学生是否掌握知识点取决于其在考试中的得分高低。到后来，学生成绩乃至学生本身的好与差完全取决于考试分数，而不考虑学生是否努力，以及家庭、学校、社会的影响等，学生乃至教师、学校的奖优罚劣等基本都是依据分数。同时，学校评价教师也是依据该教师所教科目或班级的考试分数，教育行政部门评价学校依据学生考试的升学率、平均分等，并以此作为学校问责的依据。分数成为各方唯一关注的事情，由此"分数"逐渐演变成学校与教师的"生命线"、学生的"命根"，产生一系列不良后果，如应试技巧、记忆与解题能力（俗称"刷题"）成为学生所追求的，以便在各级各类考试中取得一个好分数。教师为了追求好的分数可能会放弃部分学习成绩不好的学生，或者只教授需要测评的课程内容，强调知识的灌输，忽视学生高层次思维能力的培养。学校则可能通过选择生源来提高教学产出，甚至不惜作弊、以不正当方式提高考试成绩，这些做法不仅违背了教育公平，也对学生的发展产生大量不可逆的负面影响。

当前饱受争议的高中"名校"，如河北省的"衡水中学"、安徽省的"毛坦厂中学"等高中，被称为"高考工厂"。因为高考高分多，升入重点大学的学生多，无论社会如何批判，想进入这种学校的学生依然趋之若鹜，因为他们期待能在这里取得一个好的高考成绩。高考升学率成为衡量学校办学水平高低的唯一标准。对分数的"膜拜"导致各种人性"恶"的显现。2016年高考录取结束后，一则报道引起了社会的广泛关注，山东青岛胶州发生一起"离奇"的篡改高考志愿事件，郭某因为担心同学常升成绩好挤掉自己，就在填志愿时偷偷记住了常升的密码，然后篡改了他的志愿。这可以看作是"分数至上"所导致的一种心理扭曲。

3. 学业第一

学业是指学生学习的课业。学业第一与分数至上是紧密相连的，分数主要测试的是学生的学业成绩。在学生的"德智体美劳"中,学业成为智的代名词。而学业中又以语数外等考试科目优先,这种评价内容的缺陷可以归结为"语言数理逻辑谬误"。"这种谬误认为,对于一个人的学习进行真实的、最终的、主要的测试,就是测试他们以书面的、逻辑的形式展现知识的能力和进行精确数字运算的能力。"[①] 相对来说,学业评价是最为简单的,因而成为评价学生的唯一方式,学生只需在学业考试中取得好成绩就被认为是好学生,如在我国传统的"三好学生"的评选中,学习好的权重最大,基本上属于"一好"即"三好",至于其他诸如探究和创新能力、情感、态度、思想修养等难以测量的品质则被忽略了,而这些往往是一个学生日后成为一个有教养的公民乃至成为一个正常的人所应具备的基本品质,学生学习成果被严重窄化了。如果学校教育不教会学生了解人性、认识世界及与自我的关系,仅仅关注知识的获取是难以培养出一个有社会责任感的、真正的人的。

4. 崇尚精英主义教育

"精英"原意是指"年收获中的最佳部分",其引申意为"经过挑选的合格者"。精英来源于大众,从大众中挑选出来,但又高于大众,是少数的"精品"。唯智主义取向的学生评价本质上是以精英主义教育思想为指导的。通过考试将符合一定标准的学生挑选出来进行分流,划分为不同的等级。学业成绩优异者进入重点校、重点班,进而获得更多、更优质的教育资源,而成绩差的学生则进入薄弱学校,享受着较差的有限的教育资源,并承受着来自社会对其价值的否定,最终沦为失败者。

且不说这些层层选拔出来的所谓"精英"人才是否为社会发展作出了贡献,如颇具争议的"少年班",这些"少年天才"衡量的主要标准是学业成绩,有些学生的生活能力和道德水平堪忧。例如,2005年春,中国科学技术大学少年班一女生窃取同班同学一封美国某大学的邀请信,后冒充这位同学与校方联系,表示谢绝邀请,同时向校方推荐她自己。事情败露后,中国科

---

① [美]戴维·拉齐尔著,白芸译:《多元智能与量规评价》,教育科学出版社2005年版,第6页。

学技术大学少年班开除了这名女生。① 此外，这种以精英主义为导向的评价制度貌似将最优秀的人选拔出来，具有一定的社会效率，但其本质上是不公平的，是以牺牲大多数人的发展为代价的，对社会阶层的正常有序流动及社会整体进步均起到了阻碍作用，缺乏长远的社会效益。

阅读：标准化考试的十个广为人知的神话②

1. 标准化考试会激励学生提高学习成绩。事实上，结果恰恰相反。许多考试的结果显示其带有某种种族和文化偏见，因为这些考试没有充分考虑到文化背景的多元性。通常，一些学生在学习上付出了最大的努力，却只获得了很低的分数，这种考试的不公平性大大挫伤了学生的学习积极性。

2. 在标准化的数学和阅读考试中获得高分的学生能够保证进入待遇优厚的职业。而在其他领域，比如说音乐领域、视觉艺术领域、人际交往或身体运动等领域，往往在于教学生学会思考和掌握问题解决的技巧，这些领域又会怎么样呢？答案并不容乐观，因为传统的标准化考试通常建立在对智能概念和真实学习活动持狭隘而陈旧的理解的基础上。

3. 考试成绩优秀的学校就是好学校。不列颠哥伦比亚省的一所中学以自己学校取得的优秀成绩而颇感自豪。但如果去认真地调查一下就会发现，该校中一些经验丰富的教师是某些考试试卷的编制者，他们所教的就是如何让学生全力以赴地去应对这些考试。这是真正意义上的成绩吗？难道学校仅仅为了"看起来很好"的标签就不惜代价了吗？

4. 考试分数提供了准确测评和比较教师工作业绩的方法。由于教师感受到了来自政府和学生方面的压力，所以他们极有可能只是教会学生如何在考试中获得好成绩。那么，建立在这个基础上的教师之间的比较还有什么实质意义呢？

5. 标准化的考试成绩会给家长提供明确的数据来了解孩子的表现。加德

---

① 罗祖兵著：《高中学生综合素质评价的审思与重构》，科学出版社2018年版，第8页。

② ［美］Ellen Weber著，陶志琼译：《怎样评价学生才有效——促进学习的多元化评价策略》，中国轻工业出版社2016年版，第254页。

纳博士和罗伯特·斯滕伯格博士是研究大脑如何工作以及学习如何发生这方面的专家。他们认为，对孩子进行多种能力的评价才更为有效。如果一个教师强调学生的实际应用能力、问题解决能力、分析综合能力，那么测试本身就应该包括写文章、成长档案袋、方案设计以及对学生理解能力和运用知识的评价。

6. 标准化考试得分点的知识非常明确。正因为如此，教师通常会为考试分数而教学，学生只是被动地接受教师灌输的应考知识，这样一来，建立在师生互动基础上的多种学习形式就不可能被采用。

7. 标准化考试可以保证所有学生都能学习常识性的课程。在今天这样一个信息技术十分发达的社会里，就算不通过考试也能轻而易举地做到这一点。现代技术给学生提供了丰富的信息资源和与人交流的机会来拓宽自己的知识面。

8. 考试成绩将决定哪些学生会在市场竞争中取胜。其实，是协作精神而不是竞争精神，更能让学生在毕业后的各种工作机构站住脚并工作出色。

9. 标准化考试将为学生走出校门、走向社会的竞争做好准备。这种说法有些片面。孩子要向同伴、家长和社区中的其他人学习，要从书本中、电视里或录像里学习，这些学习就跟学校里的学习活动一样。标准化考试却没有认识到多数孩子学习方式和学习场所的多样性。

10. 标准化考试是促进学生职能发展和学习进步的有效措施。脑科学研究的最新成果提出了基于下面三个原则的新的学习方法：（1）学习需要学习者的积极参与才会发生；（2）人们是用不同的学习方式和不同的速度学习的；（3）学习既是个体行为，也是集体行为。[①]

（三）"唯智主义"取向的学生评价的伦理批判——对学生个性全面发展的压制

"唯智主义"是一种典型的功利主义。功利主义追求效率，讲求利益总量

---

① ［美］Ellen Weber 著，陶志琼译：《怎样评价学生才有效——促进学习的多元化评价策略》，中国轻工业出版社 2016 年版，第 255 页。

的最大化。长期以来,功利主义思想主导着我国教育,培养了不少"高分低能"或心理有问题却仍被称作"好学生"的学生。许多进入"名牌大学"却有道德缺陷乃至知法犯法的学生,他们是学业上的佼佼者,在学业成为唯一评价标准时,他们被认为是"好学生"(如被贴上"刻苦好学"的标签),成为其他学生学习的榜样,但心理疾病、道德缺陷等却被忽略了。有些高考状元、"学霸"甚至被学校"神化"。例如,湖北来凤县一所中学为该校一名学生立碑纪念,仅因为这名学生在高考中以 668 分成为恩施州理科状元,被清华大学录取。立碑的用意很明显,一是宣传学校,提高声誉,进而利用学校声誉吸引更多的优秀学生,而这些学生无疑又可以提高学校声誉,从而使学校发展进入学业优等的行列,获取更多的教育资源;二是告诉学生们以该生为榜样,发奋学习,考上好大学。这种做法强化了学生的学业成绩(甚至只是高考成绩),至于该生的品行道德、平时表现等如何却不得而知,给其他学生传递的信息就是要在高考中考出好成绩,考上北大清华等所谓的"名牌大学"就是成功者。学业成为评判学生的唯一标准,"成者为王败者为寇"。学校显然没有为学生树立正确的价值导向,让教师和学生都陷入"考高分进名校"的盲目追求中,并将其视作唯一出路。无法考入大学或名牌大学的学生也甘于接受了自不如人的事实。

教育(特别是学校教育)自产生之日起便起着传承人类文明和知识的作用。学生在传承文明与知识的同时,获得自我的发展。学习知识无疑是重要的,但学生在校除了接受知识,还有作为一个生命体的成长与发展。"无论是我国孔孟的修身之道,还是西方苏格拉底的'美德即知识'、柏拉图的理想国等,都是将生命的发展——知识的丰富、思维的发展、体魄的强健、人格的完善——作为教育的核心问题。"[①] 虽然近年来学生评价改革在不断探索中,无论是理念还是实践都有了许多新的变化,但不得不承认,在浓郁的"考试文化"氛围里,"分数至上"的功利主义思想仍有其根深蒂固的影响,导致许

---

① 谭蕾、王碧霞:《生命:学生评价变革的原点》,载《北京教育学院学报》,2015年第 2 期。

多改革措施"看上去很美",最后却流于形式,"应试"仍然占据着主流位置。许多一线教师感言:"在考试依然是教学指挥棒的今天,教学改革无疑是戴着镣铐跳舞。"他们甚至悲观地认为,评价不改,教学改革注定是要失败的。

"唯智主义"为取向的学生评价是否符合伦理呢?显然不符合,其中有几点是需要质疑的。

1. 考试标准的公正性值得质疑

"个体的测验必须十分公正且全面,这样才能提供对每一个人来说都可靠的分数。"① 而测验特别是标准化测验,对千差万别的个体学生采用同一套评价标准,表面看来是公正的,实质却不公正。每个学生的背景因素(如家庭背景、努力程度等)均无法在分数中得到体现。"试图用一次考试来实现几个目的,就好比是用一种工具,比如说一把螺丝刀或一把铁锤,来完成从脑部手术到打桩的所有工作一样,肯定是行不通的。"② 就像把不同能力、不同体质的人拉到同一条起跑线,实质上不过是看上去的公平,本质上依然是不公平的。每一个人的天资禀赋各异,用同一个标准来衡量就是不公平的。因此,"对人的行为进行评估的多数目的应该是分析性的,而不是用一个单一的分数作结论。根据所使用的某种评价手段,仅仅知道史密斯得了 97 分,琼斯得了 64 分,这是不够的,这不是一种恰当的结论,对改进课程多半不会有大的帮助。有一个指出有哪些长处和短处的结论,以及有一个至少根据每一个目标而作出的结论,那会更加有用"③。

2. 仅凭考试分数来评判一个学生是否是好学生很难说是公正且全面的

我们承认,以"纸笔测验"为主的考试是了解学生具有分析和有效处理各种形式的言语问题、词汇、阅读等能力,以及一些容易用言语形式来表达的各种技能(skills)和能力(abilities)的有效手段。但是,有许多其他表示

---

① 瞿葆奎主编:《教育评价》,人民教育出版社 1989 年版,第 167 页。
② [美] Ellen Weber 著,陶志琼译:《怎样评价学生才有效——促进学习的多元化评价策略》,中国轻工业出版社 2016 年版,第 63 页。
③ 瞿葆奎主编:《教育评价》,人民教育出版社 1989 年版,第 272 页。

教育目标的期望行为是难以用"纸笔测验"来评估的。① 这样就需要通过多种评价方法来获取更加全面的信息来评价学生。如果仅凭分数来衡量学生,那些考试分数低但品行好或者有其他特长的学生就很可能被"分数"这个筛子给筛选掉了。学生分数的信度取决于多种因素。其中有些因素是各个学生所固有的特点,如一般能力和学习态度。其他影响学生成绩的因素,更多地带有暂时的性质,如健康状况、疲劳程度、动机、注意转移、情绪高低。然而,最重要的还是评分者的不可靠性的影响。② 巴布拉甚至说:"没有一种考试方法能为教师全面评定学生提供充分的依据。"③

事实上,在"以分取人"的考试制度下,很多问题学生即是由学习差的学生发展而来,因为学习差,不受老师待见,没有朋友,缺乏自信心,对学习丧失兴趣,从而"厌学"乃至辍学。相反,那些学习成绩好但品行一般或心理有问题的学生却能得到老师的"青睐",因为他们能够在考试中取得好成绩,并进入名校就读,为教师和学校带来利益(有些学校以考入不同等级大学的学生数量来奖励教师,而教育行政部门则依此奖励学校)。以学业成绩为唯一标准来评价学生显然是不公平的。根据多元智能理论,每一个人的优势潜能并不一样,不同的优势潜能之间不存在优劣高低之分,都应该得到平等的对待。而且从评价手段中得出的结果,不是一个单一的分数或一个单一的叙述性术语,而是一个经过分析的纵断面,或者是一组表示目前学生成绩的全面的叙述性。

事实证明分数的高低也并不能真正代表一个学生的发展程度。教育界有个十分有趣的现象叫"第十名现象",即当年就读小学时成绩在 10—20 名的部分学生,在后来的学习和工作中成绩出色;相反,有些当年成绩在前三名的优秀学生反而后来业绩平平。媒体也曾公布这样一个调查结果:1977 年至 2008 年的所有高考状元,几乎没有一个成为做学问、经商、从政等方面的顶尖人才,他们的职业成绩远远低于社会预期。也许该调查有失偏颇,但至少

---

① 瞿葆奎主编:《教育评价》,人民教育出版社 1989 年版,第 265 页。
② 瞿葆奎主编:《教育评价》,人民教育出版社 1989 年版,第 537 页。
③ 瞿葆奎主编:《教育评价》,人民教育出版社 1989 年版,第 543 页。

说明了一个问题，早期优良的学业成绩并不能保证学生在成年以后具备杰出的才能或作出卓越的贡献。分数不过是某一次或多次考试的成绩，并不能真正代表学生的发展水平，充其量只能说明某一阶段学生对教学内容的掌握程度，与学生的智力、创新思维等的关联度并不是非常紧密。

标准化测验的种种弊端已经越来越为人们所认同，早在 1986 年 5 月，美国卡内基教育和经济论坛"教育作为一种专门职业"工作组发表了题为《国家为培养 21 世纪的教师作准备》的报告。报告在"改进衡量手段"一节中明确指出："最广泛使用的标准化考试所衡量的只是很狭窄的行为能力，而对由更高的认知功能所取得的成绩，至今还没有研究出一种有效和适用的衡量方法。还有，许多非认知方面的衡量，如学生的辍学率，也还没有标准化，不可能作为依据进行合理的比较。"① 对一个完整人的评价，标准化测验总有其自身难以克服的局限性。

3. 将教学的结果简单归为知识的获取是偏狭的

"教学的结果是多维的，令人满意的调查将依据这些维度分别构画出教程的各种效果。将这些不同维度的教程后成绩综合成单一的分数是个错误，因为人们在某一目标上的成功掩盖了另一方面的失败。"② 分数只是代表学生对某一或某些知识点的掌握，绝不等同于学生的发展，充其量只能表征某一阶段学生知识掌握的程度，而且"知识是一种程度的问题。两个人可能掌握相同的事实或原则，但一人在理解上可能更深入一些，在处理不一致的资料、无关的干扰及与原则表面的相悖等方面更出色一些"③。这种学生评价导致教学仅关注一些可以复现的记忆性和思维性的知识、技能，而漠视学生情感、价值观的养成。客观地说，唯智主义取向的学生评价对于知识的传承是有必要的，但对学生各种能力及综合素质的培养与促进却有一定的阻碍作用。

应该承认任何时代都会有所谓的"好学生"与"坏学生"，判断学生

---

① 国家教育发展与政策研究中心编：《发达国家教育改革的动向趋势》（第二集），人民教育出版社 1988 年版，第 347 页。
② 瞿葆奎主编：《教育评价》，人民教育出版社 1989 年版，第 164 页。
③ 瞿葆奎主编：《教育评价》，人民教育出版社 1989 年版，第 175 页。

"好"与"坏"的标准必然会随着社会对学生发展的期待而有所变化,但无论如何变化,有些核心素养都不应摒弃,如善待他人、遵守社会公德、社会责任感、孝敬父母等道德品性以及创造性、独立精神与批判思维等体现个性发展的素养。然而,由于各种原因,对人才单一的评价标准——学业至上导致学校培养目标的偏离,培养出来的学生犹如失却了生命活力的"标准件",缺少一种作为人的"内核",即人性——人之为人的本性。教育从根本上来说是"属人"的,这种"人"绝不是单一的"知识人",而是"全人",教育的目的就是促进人的全面发展和个性成长。日本教育家小原国芳提出:理想的教育应包含人类的全部文化,理想的人应是全人,应具备全部人类的文化,即培养真(学问)、善(道德)、美(艺术)、圣(宗教)、健(身体)、富(生活)全面发展的人。人之所以接受教育因人自身是目的,而不是实现社会目标的工具。康德说过,人是目的,他在任何时候都不能被当作手段。人作为自己的目的而存在,他"不单纯是这个或那个意志所随意使用的工具,在他的一切行为中,不论对于自己还是对其他有理性的东西,任何时候都必须是目的"①。接受教育只是为了使人作为人、人成为人得以更好地实现。"一种不能带给人们幸福的教育,还是健康的教育吗?或者,一种不幸福的教育,还是'道德'的教育吗?"②

"唯智主义"取向的学生评价是为了学生的升学而进行的评价,并不是从学生的终身发展着眼,本质上是一种"无人"(无完整人、无具体人、无发展人)的学生评价,充分体现了教育的工具价值,忽视、漠视了教育的本体价值。在某种程度上可以说,"唯智主义"取向的学生评价既不科学也是不符合伦理的。

---

① [德]康德著:《判断力批判(上册)》,商务印书馆1964年版,第46页。
② 檀传宝:《合乎道德的教育与真正幸福的追寻——当代中国教育的伦理思考》,载《课程·教材·教法》,2015年第8期。

二、"管理主义"取向的学生评价及其伦理批判

案例：依据考试分数来选座位

某班是一个近 70 人的超大班级，班主任为如何安排座位动足了脑筋，中间靠前的位置看黑板清晰，与老师的互动明显要多，但这些座位是有限的，如果按高矮来编排座位，有些成绩好的学生可能会被排在教室后面或者旁边，看黑板比较困难，毕竟高中还是要考虑升大学的比例。如果按照需要，如眼睛近视程度、自控力如何来编排座位，现在戴眼镜的学生可不少，似乎也行不通。如此一来，要拿出一个有效的方案且能最大化各方利益确实有些困难。班主任琢磨了很久，制定了一个选座方案，规定每次月考后学生按照分数（每20分为一档）来选择座位，不仅可以选择坐哪里，还可以选择同桌。学生们也没有异议，时间一长，座位几乎固定下来了，考试成绩好的学生坐在中间靠前，成绩一般但较努力的学生坐在教室两旁靠前，考试成绩差的学生则坐在教室后排。

随着民主、平等概念日渐深入人心，人们越来越看重自己的平等权利是否得到尊重。特别是在当前社会，教育对个体发展的提升与促进作用更为明显，人们更加关注教育公平，无论是宏观的教育政策公平还是微观的课堂教学公平。在独生子女时代，子女的教育问题受到了空前的关注，家长们希望孩子能接受最好的教育，能够"赢在起跑线上"，于是乎"择校""择班"乃至"择座位"成为家长们"不懈的追求"。家长们会非常关注子女在学校受到何种待遇，这种关注有时会过度，甚至妨碍学校的正常教学秩序，如殴打教师、向媒体曝光、举报等。鉴于此，学校在处理与学生密切相关的事情时就不得不谨小慎微，比如，座位的选择便是其中之一。按照公正原理，依据每个学生的需求来分配座位是公正的，然而学生的需求是千差万别的，而所谓"好"的座位又是有限的，如何协调这些需求与好座位短缺之间的矛盾呢？事实上，看似微小的排座位的确没有那么简单，或者说既公正又能兼顾不同需求的没有争议的方案很难制订。如果让学生根据自己的需求来选择座位，估

计会乱成一团，但以什么标准来分配座位呢？正如案例中班主任所考虑的，单纯按需求肯定行不通。罗尔斯提出了"无知之幕"，意思就是在人们商量给予一个社会或一个组织里的不同角色的成员正当对待时，最理想的方式是把大家聚集到一个幕布下，约定好每一个人都不知道自己在走出这个幕布后将在社会/组织里处于什么样的角色，然后大家讨论针对某一个角色大家应该如何对待他，无论是市长还是清洁工。

在传统的应试教育体制下，分数成为教师和学生乃至学校的唯一追求，不同的是，教师追求的是班级的分数（如高分率、及格率等），而学生追求的是个人分数的高低，学校则追求的是学校的整体分数（如升学率等）。当分数成为衡量优劣的唯一尺度时，"可能会造成教育进程的走样……例如，如果这些措施是基于学生标准化测验，那就可能包括过度专注于教授学生具体的应考技能，缩减课程，训练学生回答特定类型的问题，采用死记硬背风格的教学；为参加测试的学生提供更多的资源，把更多的注意力集中在得分接近熟练程度的学生身上，甚至暗中操纵结果"[1]。当依据分数来问责时，可能会出现种种违背伦理的行为。比如，案例中依据考试分数调换座位的方式将评价作为一种管理手段，以追求整体利益最优为目的，是一种典型的管理主义思想。

（一）管理主义的实质

古贝和林肯将评价分为测量、描述、判断和建构四个阶段。他们认为，前三代评价存在三个重大缺陷：管理主义倾向、忽略价值的多元性以及过分强调调查的科学范式。在其著作《第四代评估》中，他们并没有对什么是管理主义作出明确的界定，而是对评价中评估者与管理者之间的关系进行了归类。他们认为"管理者"这个术语包括各种各样的个体，它通常指委托人、评估资金的提供者以及负责完成评估对象报告的代理人的领导。管理者的权限主要表现在"管理者与评估者签订评估合同，评估者在设定评估研究的参

---

[1] 经济合作与发展组织编，窦卫霖等译：《为了更好的学习——教育评价的国际新视野》，上海教育出版社2019年版，第11页。

数和边界时要听从管理者的意见,并且要向管理者汇报"①。

　　管理者与评估者之间产生了一系列不符合需要的结果。一是管理者在评估中可以免受牵连,由于评估不当造成的失败,其责任不在管理者;二是评估者在评估中处于无权的地位,其他利益相关者的合理利益诉求难以在评估中表达,而管理者却被提高到拥有最大权力的地位;三是管理者和评估者之间的典型关系是剥夺性的,按照约定,管理者通常有权决定评估结果是否公布、向谁公布,这种关系的存在,其他与评估有利益关系的人就更无法在评价中维护自己的利益,阐述自己的见解,也无法按评估建议,采取有效的改进行动了;四是管理者和评估者之间的典型关系很可能变成一种暧昧关系,即评估者将决定评估形式的权利让与管理者,在某种意义上说,这就是评估者与管理者在同谋。

　　管理主义是 20 世纪 70 年代后在特定背景下发展起来并产生广泛影响的政府治理理论以及运动,属于管理学的一个概念。从根本上来说,管理主义不只是一种技术与工具,而是一种意识形态。其基本意思是:"将作为实现各种社会活动目标的基本手段的管理活动绝对化,并且把这种管理手段本身变成目的。"② 托马斯·克利卡尔(Thomas Klikauer)指出:"管理主义将管理知识和意识形态相联结,从而系统性地在各类组织和社会中建立起管理权威;同时剥夺拥有者、雇员和公民社会的决策权力。建立在最高意识形态、专家培训和对管理知识的排他性占有等基础上,管理主义正当化了被应用于社会各个领域的管理技术。"③ 管理主义的核心在于"控制",管理者与被管理者处于一种权力不平等的地位,推崇管理技术。在传统应试教育体制下,学生评价作为管理的一种手段,是教育管理者考核学校、学校考核教师及教师考核学生常用的手段,对教育教学起着极大的导向作用,可将其看作是一种管理

---

　　① [美]埃贡·G. 古贝、伊冯娜·S. 林肯著,秦霖、蒋燕玲等译:《第四代评估》,中国人民大学出版社 2008 年版,第 10 页。
　　② 谢维和:《论班级活动中的管理主义倾向》,载《教育研究》,2000 年第 6 期。
　　③ 王晓芳、黄丽锷:《中小学教师科研活动中的管理主义》,载《北京大学教育评论》,2015 年第 1 期。

主义取向的学生评价。这种管理主义取向的学生评价需要置于伦理立场来反思与批判,以促使学校教育回归到促进学生发展的本源。

(二)管理主义取向的学生评价的特点

管理主义取向的学生评价是指学生评价者将评价作为管理学生的手段,将管理本身当作目的,如何提高管理效率是其首要价值考虑,评价者(包括教师、学校管理者以及教育行政部门等)拥有绝对的权力,主要表现为评价者主导评价的内容、标准、方式、时间等,而学生在此过程中缺乏话语权,无权在评价中维护自己的利益或为自己的利益进行辩护,处于服从地位,被动接受评价结果。整个评价过程就是自上而下的控制过程,评价者依据评价结果对学生进行管理,如依据考试成绩分配座位。从管理主义的内涵来说,管理主义取向的学生评价具有三个特点。

1. 以效率为中心

管理主义认为,政府治理的基本价值就是"经济""效率"和"效能"(即3"E")。在一定意义上可以说,在管理主义的模式下,管理就是效率,效率就是管理。[1] 在美国效率崇拜时代,以弗雷德里克·W. 泰勒(Frederick W. Taylor)为主要代表的科学管理思想深入人心。1911年,泰勒在《科学管理原理》中指出:"科学管理如同节省劳动的机器一样,其目的正在于提高每一单位劳动力的产量。"[2] 效率是指单位时间内完成的工作量,单位时间内完成的工作量越高说明效率越高,反之则效率越低。现代教育体系发端于大工业时代,工业时代追求的是效率,要在短时间内生产更多的产品,必须强调统一化、标准化。

现代教育也打上了这种烙印,希望在最短的时间内培养大工业生产所需要的标准化人才。要输出标准件,必然要有统一的输入和评价标准,因此,"受教育者在学校接受的是统一的课程、统一的教学流程、统一的评价标准,

---

[1] 李莉:《教育公正:超越管理主义的教育制度伦理原则》,载《湖南师范大学社会科学学报》,2008年第3期。

[2] 孙耀君著:《西方管理思想史》,山西人民出版社1987年版,第75页。

甚至学校在内的所有事物、活动都像机器一样被理性地安排好了"[1]，以期在最短时间内把学生制造成标准化的教育产品。管理主义取向的学生评价以工业管理的思想来评价学生，关注的是如何评价学生最为高效，即能在短时间内以最经济、最有效的手段将"合乎标准"的学生筛选出来。评价者"强调评价的效率，其达成目的的主要途径是强调统一性，追求评价标准统一，操作过程统一，评价结果表达统一"[2]，仅仅关注学习目标的达成度，强调评价标准的普适性和评价过程的规范性，追求评价结果的实效性。通过一系列的标准化环节，学生逐步被塑造成标准化的"产品"。

2. 强调价值中立

德国社会学家马克斯·韦伯（Max Weber）在慕尼黑大学所作的演讲《以学术为业》中提出，应当把价值中立性作为从事社会学研究所必须遵守的方法论准则，每个人都是自己的主人，不能拿自己的标准来衡量别的人或事，在研究中应该保持中立的态度。实证主义者认为要保持价值中立，研究者需要采用一种实证主义方法论，要按照科学的态度和方法来研究历史、人的思想和态度及人类社会，所有的经验事实应该不加评价地解释，尽量摒除研究者的个人判断，强调事实与价值的分离，所关注的重点是"技术的合理性"和"工具的合理性"，而忽视了"目的的合理性"。

评价本意是一种基于事实判断上的价值判断，但强调实证主义的评价更为重视评价的事实判断而轻价值判断。事实判断是关于客体本身是什么的判断，它是以教育事实为对象的描述，包括对某一教育行为的描述和对行为者赋予该行为的意义的描述两方面，通过对教育事实做无价值性的记述和解释，揭示各种事实之间的结果关系。事实判断是基于描述的经验性论断，其目的在于对教学效果的真实反映，在评价过程中要求评价者处于"价值中立"，尽可能消除主观性。但是，教育本身就是一种人类特有的活动，评价者和被评

---

[1] 王晓芳、黄丽锷：《中小学教师科研活动中的管理主义》，载《北京大学教育评论》，2015年第1期。

[2] 龚孝华：《教育评价中管理主义、功利主义、科学主义倾向及其批判》，载《内蒙古师范大学学报（教育科学版）》，2008年第7期。

价者总是带有自己的价值观，相同的行为可能有不同的意义。如果把价值判断排除在学生评价之外而只重视评价的事实判断，实际上是把复杂的学生评价简单化，这种评价达不到预期的效果。把价值凝固在客体上，就看不到主体在价值形成中的作用。显然，此种教育评价观在保持评价的客观、公正的同时，却忽视了人的主体需要，以致将预设目标作为铁定不变的评价标准而不加以任何批判。① 在方法选择上，表现为方法的科学化以及基于此的量化分析，科学的方法和技术是评价主体和客体化的价值关系之间的作用方式。在追求"客观性"和"科学性"的管理性教育评价中，人在科学主义、技术理性下被抽象化、实体化、要素化。②

管理主义取向的学生评价认为评价基于事实判断，应通过客观的评价信息和科学的评价手段来进行评价。这种观点无可厚非，但如果过于强调评价的统一性和标准化，而缺少对它作价值上的考虑和评价，认为"价值观会干扰评估过程并歪曲科学数据，正如它们抱有成见一样"③，如果把价值判断排除在学生评价之外而只重视评价的事实判断，没有看到评价双方本身所具有的价值观在评价中发挥的作用，实际上是把复杂的学生评价简单化。

事实判断是关于客体本身是什么的判断，强调客观，通过对教育事实做无价值性的记述和解释，揭示各种事实之间的结果关系。评价基于事实判断，其实质在于对教学过程、学生学习的真实反映，在评价过程中要求评价者处于"价值中立"，尽可能消除主观性。然而，社会现象与人的主观感受密切相关，不可能价值无涉。韦伯在提出价值中立时同时提出了价值关联，他认为价值中立并不意味着在社会科学研究中彻底排斥价值因素，社会活动与现象都要由一定的价值来支配，因而韦伯的价值中立是相对于价值关联而言的。价值中立导致的是评价主体与评价对象之间的分离与对立。教育是一种社会

---

① 张向众著：《中国基础教育评价的积弊与更新》，教育科学出版社 2010 年版，第 111 页。
② 张向众著：《中国基础教育评价的积弊与更新》，教育科学出版社 2010 年版，第 115 页。
③ [美]埃贡·G. 古贝、伊冯娜·S. 林肯著，秦霖、蒋燕玲等译：《第四代评估》，中国人民大学出版社 2008 年版，第 73 页。

活动,"教育现象本身就是社会中的人主观建构的,评价者和被评价者总是带有自己的价值观,相同的行为往往可能有不同的意义"①。完全的价值中立是行不通的。

3. 过于强调科学研究范式

强调效率至上的管理主义在手段的使用上彰显了科技理性的价值。什么是科学?科学是指发现、积累并公认的普遍真理或普遍定理的运用,已系统化和公式化了的知识。科学包括自然科学和社会科学。② 自然科学是研究大自然中有机或无机的事物和现象的科学,包括天文学、物理学、化学、地球科学、生物学,等等。自然科学方法是研究自然科学的方法,主要有三种:科学实验、系统科学、数学方法。社会科学是以人和人类社会为研究对象,以揭示人的本质,帮助人们树立正确的世界观、人生观、价值观,探索掌握社会发展规律和社会管理规律的科学。

随着现代科学的发展,自然科学和社会科学之间不再是壁垒分明,而是出现了交叉,社会科学和自然科学之间开始互相借鉴研究方法。在借鉴中又以社会科学向自然科学借鉴为主,甚至有些研究者认为传统社会科学方法以定性为主,缺乏定量研究,导致研究结果主观性太浓,难以形成统一结果。社会科学应采用自然科学方法来进行研究,以提高其科学性,因此,有些社会科学的实践者以坚定的信念和热情效仿自然科学的方法运用于社会问题的研究。

不同学科之间的相互借鉴是必要的,但自然科学和社会科学研究的对象不一样,社会科学对自然科学方法的借鉴应有其适切性和限度。将自然科学的研究方法看作优于社会科学的研究方法,忽略了社会科学研究对象所具有的高度的复杂性,一人一世界,人的情感、态度等是难以用自然科学方法测量的。在自然科学研究中,研究者与研究对象之间的彼此分离,能够做到客观、中立,研究者只需描述、说明事实就行,而社会科学研究中,研究者与

---

① 李莉:《教育公正:超越管理主义的教育制度伦理原则》,载《湖南师范大学社会科学学报》,2008年第3期。

② 还有一种分法,将其分为自然科学、社会科学和人文科学。

研究对象往往是相互作用的，研究过程通常是一个相互建构的过程，研究者需对各种现象进行解释。如果过于强调自然科学的客观性，往往会产生一些不良的结果。古贝和林肯也指出，对科学方法的过分依赖产生了不幸的结果。第一，它导致一些称作"脱节"的东西，它在评估客体时好像不存在于前后关联中，而只存在于被精心控制的、在设计方案实施后才有效的条件中。第二，对科学范式的承诺不可避免地导致了对正规的定量测量工具的过分依赖。科学范式表现出的精确性取决于输入到过程中的数据的"硬度"。硬性数据是指可计量的数据，可以精确地测量出来并且能用强大的数学和统计工具进行分析。[1] 科学并非真理的代名词，一些所谓的科学知识也会随着时代的变化被证伪。此外，科学知识获得的途径是否道德也是值得质疑的。古贝和林肯指出，并非所有的科学行为都是道德的，比如战争中的人体实验，科学本身就是一种政治行为，永远不会考虑它的对象的表达，[2] 对象的利益、隐私、承担的风险等都不在考虑范围之内。

社会科学的科学性并不意味着某些物理维度的精确测量。相反，它意味着发现社会世界的真实性，恰如那些体验过社会世界的人所真实感受的世界。在评价研究中，客观性意味着从项目利益相关者的角度来公正、准确呈现一个项目是如何成功或失败的。[3]

由于科学与技术通常是联系在一起的，几乎被看作是同一范畴，甚至将科学狭义地理解为技术的不断更新。如果过于强调科学范式，就容易转换到对技术的过度依赖，强调技术理性。技术关注的是"如何做"和"怎么做"的问题。管理主义取向的学生评价在具体方法选择的考量上，表现为方法的科学化以及基于此的量化分析，将科学的方法和技术看作是评价主体和客体化的价值关系之间的作用方式。在评价中，对技术的依赖表现为对评价信度

---

[1] 何怀宏著：《伦理学是什么》，北京大学出版社 2002 年版，第 12 页。

[2] Susan Salasin. The Evaluator as an Agent of Change. *New Directions for Program Evaluation*, 1980 (7): p. 2.

[3] Joan E. Sieber. Being Ethical: Professional and Personal Decisions in Program Evaluation. *New Directions for Program Evaluation*, 1980 (7).

的追求，过度强调评价的客观性，期望达到实证科学那样的"精确""精密"，关注评价的流程、评价数据的采集、评价结果的统计等环节的精确性，却将评价主体与评价对象分离开来，由此只看到评价对象所呈现的外在表象，而对评价本身所涉及到的价值问题却缺乏关注。

4. 强调问责

在管理主义看来，评价是一种管理手段，评价者可以依据评价结果对评价对象进行管理，区分优劣，并实施奖惩，取得好成绩的学校、教师和学生获得奖励，反之则受到惩罚或问责。这样一来，导致评价对象（学校、教师和学生）为了取得好的成绩，将所有的注意力与精力都投入到好成绩的获得上，而对教育的出发点和目的缺乏审视，忽视了教育中人的发展。"问责"（accountability）是有必要的，否则各方应承担的教育责任难以厘清。但谁来问责、如何问责等问题是需要弄清楚的前提性问题。学生的成长是家庭、学校和社会共同作用的结果，各方均承担着相应的责任，如果仅依学生的考试成绩来评价学生难免失之偏颇，对学校或教师也是不公平的。过于强调问责，很可能出现前面所说的有悖伦理的不当行为。

（三）管理主义取向的学生评价的伦理批判

管理主义过分强调"经济""效率"和"效能"等工具理性，强调组织价值的优先性，特别强调管理中的绩效考核、绩效责任和诱因控制。行政学家罗伯特·邓哈特（Roberts Denhardt）认为："以效率为导向的工具理性只会引导人们关注达成既定目标的手段，而忽略对目的本身的关切。"[①] 对工具理性的过分重视，必然产生一系列的后果，其最直接的后果便是"公正""权利"等伦理价值在学生评价中的失落。

1. 教育公正的失落

管理主义追求效率，效率本身被当作一种基本的价值追求。然而，整体的效率最大化并不意味着每个人的所得都是一样的，个人所得资源或利益之

---

① 李莉：《教育公正：超越管理主义的教育制度伦理原则》，载《湖南师范大学社会科学学报》，2008 年第 3 期。

间的不平等很可能被平均数所"掩盖"。学生评价中的效率体现在追求标准化和一致性，用同一套标准来衡量不同的评价对象，难免会忽视个体间存在的差异，会对弱势群体造成侵害。

个体间存在差异是一种事实，作为以增进个体幸福为主旨的教育应该顺应这种差异。人与人之间，不论差异有多大，作为道德行为者，他们都具有"同等的价值"，要求受到同等的尊重。一个公正的社会应该为不同的个体提供不同的教育，让强者能够更强，但同时也要让弱者进步，而不是让弱者更弱。

当代政治哲学家罗尔斯认为："正义是社会制度的首要价值，正像真理是思想体系的首要价值一样。一种理论，无论它多么精致和简洁，只要它不真实，就必须加以拒绝或修改；同样，某些法律和制度，不管它们如何有效率和有条理，只要它们不正义，就必须加以改造或废除。"① 在他看来，一项政策是否合理，不仅要考虑效果的最大化，也要考虑社会中的弱势人群，并以其受益的最大化为衡量标准。的确，"短板理论"指出，决定一个水桶容量的，不是长板而是短板，容纳的水量取决于短板的高度。同样，评价一个国家的发达程度，判断标准不是强者的高度，而是弱者的地位。单纯地追求效率，要求最小的投入取得最大的收益，并不考虑谁获得了多少资源，其必然会损伤社会公正价值，对强者和弱者来说都未必是最好的安排。在现实生活中，效率很重要，但必须看到效率本身不是一种价值观念，单纯的效率无所谓好坏，必须依据其所服务的特定目标才能得以说明。在价值取向上，管理主义应当在适合的领域并在适当的程度上削弱自身的效率色彩，而更加关注民主、公平和社会正义。

2. 忽视多元价值

虽然管理主义主张价值中立，但从根本上来说，管理主义的核心是控制，管理者的价值需求处于主导地位，被管理者的价值需求则被忽视、被压制。同样，在管理主义取向的学生评价中，管理者和评价者的价值需求居主导地

---

① [美]约翰·罗尔斯著，何怀宏、何包钢、廖申白译：《正义论》，中国社会科学出版社1988年版，第1页。

位,在评价中具有绝对的发言权,而被评价者的价值需求却没有得到应有的重视,基本处于"失声"状态。由于评价权力的绝对性,在评价活动中只存在着从评价者到被评价者的单维指向,管理者与评价者之间的关系有失公平。表面上,管理主义取向的学生评价通过标准化、统一化的评价方式来达到价值中立,但却忽略了评价本身的内涵。评价不仅不是价值无涉的,甚至本身就具有价值属性。在词源学上,"评价"(evaluation)一词源于"价值"(value)这个词,是一种基于事实基础的价值判断,是对某种对象的价值和优缺点的系统调查,可以说价值是"评价"这个术语的根基。无价值涉入的评价是不存在的,盲目地追求价值中立是不可取的,也是难以实现的。"'事实'和'价值观'是互相依存的。'事实'除非在一些价值框架中,否则毫无意义,它充满了价值观。不可能存在相互独立的观察性语言和评估性语言。"①

从本质上说,现代社会是价值多元的,公众有着各自信仰、思想的自由,享有平等的政治自由权利。在现实中,评价总会涉及到多个主体,各主体有着不同的价值偏好,他们的价值需求并不总是一致的,甚至有时是相互冲突的,如学生对自我个性发展的渴望与家长对学生学习成绩的追求之间的矛盾。各价值之间具有不可比较性和不可排序性,我们很难说谁的价值具有优先性。随着民主观念日渐深入人心,公众对教育的关心度和参与度也日益提高,多元的教育价值形成并发挥着越来越大的作用,教育中不同的利益关系人必然要求自己的利益与价值也能在教育评价中得以实现,单一的价值主体只会引起人们的反感与反对。

3. 压抑学生主体性的发展

当学生评价逐渐演变为工具理性盛行的场域时,教师为了效率而教,学生为了效率而学,注重教学目标和学习目标的达成度,强调评价标准的普适性和评价过程的规范性,课堂教学缺乏教与学的自由。此时的学生被看作是待加工的"原料",学校则是生产"工厂",学校管理者成为"主管",教师则

---

① [美]埃贡·G. 古贝、伊冯娜·S. 林肯著,秦霖、蒋燕玲等译:《第四代评估》,中国人民大学出版社2008年版,第69页。

是流水线上的"工人"。学生的个性差异、家庭背景在追求生产效率最大化的前提下被漠视，成为一个个"标准件"，学生在评价中被"客体化"。

学校需要在尽量少的时间、精力和物力投入下去追求最理想的、最多的工作成果，即以最少投入获取最大产出。然而，是否效率高就必然好呢？答案是否定的。"当效率和社会使命相结合，公众普遍上升的社会责任感和公共教育观念使得人们越加感到学校处处存在着浪费现象。"[①] 的确如此，由于教师的教与学生的学都是围绕考试这根"指挥棒"进行的，学生丰富的生活世界与学校生活割裂了，高利害的考试给学生带来了巨大的压力，学生的兴趣、个性等得不到自主发展，学生的所学大部分用来应付考试，到了社会不过被证明是无用的信息，这是对生命的极大浪费，对学生是不公平的。对教师来说，教师为了让学生能在考试中获得高分，只教考纲规定的内容，训练学生做题，"不敢越雷池一步"，同样被规约着，没有自由。

学生到学校受教育的目的绝对不仅是获取知识，应对考试，还有生命的成长。杜威说"教育即生长"，要求教育尊重孩子的天性、心理发展水平、兴趣和需要。然而，在各种规训之下，学生发展的多元性、差异性和整体性被忽视了。教育的目的不仅在于使学生成为社会所需要的人，同时也要满足个体自身的发展。学生评价要服从于教育目的，不仅要发挥其工具价值，还要发挥其内在价值，关照学生的个性成长。

教师等成人在教学和评价中主导地位的过分张扬，使得学生在评价中的主体地位被有意或无意地剥夺，学生处于完全被动的地位，他们很难有主动选择的权力，他们只能消极、被动地接受评价过程和评价结果，其自尊心和自信心得不到很好的保护，更遑论激发其积极性、主动性和创造性。现行学生评价依然以"选择适合教育的学生"为根本目的，而不是选择适合学生的教育，选拔取向的学生评价忽视大部分学生的需要，极大地阻碍了学生的全面发展，学生的主体性和创造性被泯灭，被抽象化。

---

① 梁云：《效率崇拜与美国基础教育现代化水平的提升》，载《基础教育》，2016 年第 3 期。

第三章 学生评价目的与善

　　学校教育是教育的重要组成部分，其目的不仅在于传授知识，还在于让学生获得一种积极的人生态度，为学生的成长奠定基础。学校的一切活动都应指向这一目的。学生评价对学生的发展具有很强的导向性，"好"的评价对学生发展是极其重要的，能够赋予学生一种内在的生长动力，使学生成为一个自信而能自主发展的人。对于学生评价的前提要有清晰的认识，即我们到底为什么进行学生评价？是为了检测学生知识掌握的程度吗？或是为了将学生分成不同的类吗？或是促进学生个性与潜能的发展呢？抑或全部抑或其他？对学生评价目的的追问，是实施一项好的学生评价的前提与方向性问题。

一、何谓学生评价目的

（一）何谓目的

　　目的是什么？按《现代汉语词典》解释，"目的"是指想要达到的地点或境地；想要得到的结果。在英文中，可作"目的"解的词有多个，如 aim、end、target、purpose、intention 等等，教育的目的一般取 aim 或 end，但二者也是有区别的，end 更指一个个具体的目标，各个 end 的实现即 aim。另外，在古希腊语中，telos 的意义既是目的、终点，又是最高、最好的状态。所以目的就是最后的终点，含有终极意味。对于什么是终极目的，亚里士多德认为："很显然并非所有目的都是最后的，只有最高的善才是某种最后的东西。倘若仅只有一个东西是最后的、最完满的，那么，它就是我们所寻求的最后目的。倘若有多个目的，就是其中最完满、最后的那一个。""只有那由自身而被选取，而永不为他物的目的才是最后的。"① 这个目的是自足的，也就是终极的善，亚里士多德将其确定为幸福，认为幸福是一切事物中的最高选择，我们不能将它与其他的善事相混同。

目的分为内在的和外在的，内在目的指活动本身所具有的价值，实现活动本身即实现了其价值；外在目的要求将活动当作手段，去实现更有价值的目的。正如亚里士多德所言："它有时是实现活动本身，有时是活动以外的产品。当目的是活动以外的产品时，产品就自然比活动更有价值。"②

（二）学生评价的目的

评价本质而言是一种工具和手段，不同的人使用评价的目的不一样。"人们期望评价达到的目的是多种多样的：记载事件、记录学生变化情况、检查学校工作的活力、为责难寻找依据、协助行政人员决策、指导正确的行动、增加对教学过程的理解。"③ 评价的目的因人而异，那么，学生评价到底有没有统一的目的呢？

从对学生评价的界定来看，当前并未形成对什么是学生评价目的的统一认识。例如，我国学者陈玉琨认为，学生评价是对学生个体学习的进展和变化的评价，它包括对学生学业成绩的评定、学生思想品德和个性评价等方面。④ 张敏认为，学生评价是以学生为评价对象的教育评价，是评价者依据一定的标准，运用现代教育评价的一系列方法和技术，对学生的思想品德、学业成就、个性发展、情感态度、体质体能的发展过程和状况进行事实判断与价值判断的活动。⑤ 柯森等人认为，学生评价是诊断教师教学，促进学生的发展（认知的、情感的、动作技能的）或将学生进行分等级以便甄别而对学生

---

① ［古希腊］亚里士多德著，苗力田译：《尼各马可伦理学》，中国人民大学出版社2003年版，第10页。
② ［古希腊］亚里士多德著，廖申白译注：《尼各马可伦理学》，商务印书馆2003年版，第4页。
③ 瞿葆奎主编：《教育评价》，人民教育出版社1989年版，第327页。
④ 陈玉琨著：《教育评价学》，人民教育出版社1999年版，第56页。
⑤ 张敏著：《学生评价的原理与方法》，浙江大学出版社2011年版，第1页。

的表现(真实情景中的、模拟情景中的表现;已有的、正在呈现的、可能的表现)的评价,是一种事实判断与价值判断的综合。①

从以上界定来看,虽然三者都对学生评价的对象、内容做了说明,但三者在评价具体内容上并不完全一致,例如陈玉琨将学生评价内容分为学生学业、思想品德和个性三大部分;而在张敏的界定中,学生评价内容不仅包括学业、思想品德、个性,还包括情感态度和体质体能,相对而言更加全面;在柯森等人的界定中只是模糊地将学生的表现作为评价内容,到底有哪些表现并未说明。

Wiggins 在《教育性评价》中指出:"一直以来,我们关注的是评价次要的目标——成人的目的(教育计划的绩效)或惯用的测试形式,而将评价真正的首要的功能——帮助学生了解学习职责并履行职责——置于一个替补的地位。当看不到我们对学生的义务时,我们会将一切问题简单化,如将评价简化为测试,将测试简化为易于评分的'安全'的手段。"② 正是因为没有确立学生评价的真正目的,导致将各种外在的目的或者说评价的功能(如对学校的考核)当作了学生评价的目的,从而导致学生评价功能的简单化和功利化,如将考试当作最主要的评价手段,将分数作为评判学生优劣、教师教学好坏乃至学校教育教学质量的唯一依据。"考考,老师的法宝;分分,学生的命根"成为传统应试教育的典型写照,正如美国评价学者尼特克(A. J. Nitko)指出,在教育实际中,分数逐渐演化成一种武器,一种既伤害学生,又伤害教师的武器。③

的确,这种"以考代评"的简单化评价"只能鼓励学生对事实性知识的掌握,鼓励再生他人的观点,激励'肤浅的学习',不能导致对'高等级的思考技能'的学习;当考试具有高利害关系时,教师常被鼓励去追求更高的分

---

① 柯森、王凯:《学生评价:一种基于新课程改革的探讨》,载《当代教育论坛》,2004 年第 8 期。

② [美] Grant Wiggins 著,国家基础教育课程改革"促进教师发展与学生成长的评价研究"项目组译:《教育性评价》,中国轻工业出版社 2005 年版,第 91 页。

③ 王凯:《反馈何以有效:对当前课堂教学评价的新思考》,载《教育科学》,2011年第 3 期。

数,'为考而教',而不是去更好地理解学生学习上的困难;一些消极的甚至不合伦理的实践就成为学生学习中的常态:记住过去的试题及其答案、猜测可能的题目,甚至作弊。在这种情况下,最完美、最有效的考试却导致最糟糕的学习"①。对评价概念的窄化直接导致在实践中的简单化、粗暴式操作,对学生个性与主体性的漠视甚至蔑视,带来的是对学生生命发展的压制,这种学生评价受到的是不同外在目的的规约。

"为了促进学生的发展(认知的、情感的、动作技能的)或将学生进行分等级以便甄别"应该说明确说出了学生评价的两种目的,即"促进学生发展和对学生进行分等级"。但从对目的的界定来看,"促进学生发展"可以看作是学生评价的终极目的,而"对学生进行分等级"只能是学生评价的一种功能,因为其不能被看作是最后的、最好的。

事实上,现实中很多时候正是因为分不清学生评价的功能和目的,导致将功能当作目的,使得目的被矮化,成为不同人群利用学生评价的借口。功能是为了促进目的的实现,内伏将教育评价的功能概括为四种,包括为了改进的形成性功能,为了选拔、鉴定和教学核定的总结性功能,为了激励和增强意识的心理或社会政治功能,执行权威的行政管理功能。② 客观地说,评价是一种工具,其作用并没有对错之分,评价可以被用于多种场合,通过不同的评价途径和不同的评价方法发挥多种功能。

从学生评价的功能来说,其功能可以分为诊断、选拔、鉴定、改进等,并依其不同的功能可以将学生评价分为不同的类型,如诊断性评价、形成性评价和终结性评价。诊断性评价又可称为定位性评价或安置性评价(placement evaluation),是在特定的教学活动之前,判定学生的前期准备,主要包括学生是否已掌握了参加预定教学活动所需的知识与技能,在多大程度上学生已经达到了预期的教学目标,学生的兴趣、习惯以及其他个性特征显示何种教学模式最为合适。③ 诊断性评价还可以是一种需求评价,是对评价对象的

---

① 王少非:《校内考试监控研究》,华东师范大学博士学位论文,2007年,第8页。
② 瞿葆奎主编:《教育评价》,人民教育出版社1989年版,第347页。
③ 胡中锋主编:《教育评价学》,中国人民大学出版社2008年版,第243页。

需要或偏好、评价对象之间的差异等进行评价,以便在教学过程中做到更有针对性。形成性评价(formative evaluation)是在教学过程中对学生的实际学习情况进行的评价,其结果用以指导以后的教学和学习,强调评价的反馈功能,"对于学生来说,它成了使他们在学习进行过程中进行自我修正的东西;而对于教师来说,则是成了提供给学生以最合适的指导的检验资料的一种形式"①。终结性评价(summative evaluation)也被称为总结性评价、结果评价,是在学生经过一段时间的学习后或某一教学过程结束时,依据预设的目标对其学习效果进行的评价,可以看作是对现状和目标之间的距离进行评价。

在现实中,三种类型的学生评价各有其适用范围,所起的作用也各不相同。但实际上,由于各种原因,终结性评价的地位明显被过度拔高了,受到的重视程度也超过其他两种评价类型。一般而言,终结性评价往往等同于选拔性评价(主要是标准化考试,如各种升学考试),具有竞争性、排他性。终结性评价经常与教育资源的分配挂钩,达到标准的评价对象获得相对应的教育资源,如升学、评优等。然而,在现实中教育资源总是有限的,在无法满足所有人的情况下,在竞争性的考试中,必然有一批人因为难以通过终结性评价而被淘汰。因对终结性评价的过度重视,导致学生评价以对学生的甄选为主,在选出合格者时也淘汰了一大批所谓的不合格者。

不同评价类型的功能不一样,是为不同目的服务的,如果让选拔性评价承担所有评价的功能,其必然无法摆脱受责难的境况。让"上帝的归上帝,恺撒的归恺撒"。因此,需要在明确区分不同评价类型的功能的基础上,对不同类型的评价进行完善。选拔性评价主要是不断完善其测评技术,提高其科学性,以便更好地选拔学生。当然,并非说选拔性评价不受伦理规范的制约,而是说主要以技术的完善为发展方向。在评价的理念上同样要受制于伦理规范,例如,随迁子女异地高考、高考作弊(替考、加分、抄袭等)等问题需要置于伦理的立场来反思、批判。旨在促进学生发展的诊断性评价和形成性评价既要关注评价手段的完善,更要以伦理规范来调适自己的发展,以促进

---

① 瞿葆奎主编:《教育评价》,人民教育出版社1989年版,第498页。

学生的全面发展为目标。

　　学校教育目标是否实现，说到底要依据学生的发展水平来检测。从本质上说，学生评价是一种管理手段，要为评价委托人或听取人服务，因而在现实中也往往更多地表现为外在目的（或者说工具价值）。由于"不同的评价听取人可能有不同的评价需要"①，因而其功能也不一样，如提高管理效率、甄选学生等。除了外在目的，学生评价是否还有内在目的呢？如果有，又是什么？内在目的是活动自身所具有的价值。无疑，学生评价是达到善的目的的一种手段。内在目的从本质上来说是一种善的目的，那么，从伦理学角度来看，什么是好的或善的目的呢？

二、善的学生评价目的

案例：中美学生对同一个孩子的不同评价——"我以性命担保她行！"

　　中国父亲端木，拿着赴美读高中的女儿寄来的美国各科老师的评语，大跌眼镜：这真的是我的女儿吗？！她有"语言天赋"，她"乐观积极"，她"优雅"而"有创造性"，她有"人格的力量"，她是"宝贵的财富"！其中一位美国老师，在推荐女儿上大学的信中说"我以性命担保她行"。这句话深深震撼了一个父亲的心。而仅仅在四个月前，端木送走的那个女儿，是一个被老师批评为"没有数学脑子"、垂头丧气地对着父亲说"我厌学了"的孩子。四个月，并不足以让一个学生本身的素质发生天翻地覆的变化，不同的可能是她所处的教育环境，以及她得到的评价与激励。数学老师给她的评语是："学习期间，我发现斯蒂芬不仅勤学好问，而且富有同情心。她总是努力、认真地完成作业。她在数学和解决难题方面有显著特长。""数学和其他理科方面的科目对她来说很轻松，遥遥领先于她的同班同学。""一个优秀的学习数学的学生，拥有极高的数学技能。"女儿的美国老师说："她在任何校园都会受到珍视。"当一个学生受到"珍视"的时候，和不被珍视甚至被忽略、被歧视的

---

① 瞿葆奎主编：《教育评价》，人民教育出版社1989年版，第351页。

时候，所表现出来的样子，是会有所不同的吧。

同一个学生在国内被老师批评为"没数学脑子"，以至于厌学；在国外，只过了四个月，却被老师评定为"一个优秀的学习数学的学生，拥有极高的数学技能"。为什么如此短时间内能发生如此翻天覆地的变化呢？原因有很多，但必须承认评价在其中起着至关重要的作用。相比于国内老师的歧视甚至带有侮辱性的评价，女孩在国外得到了老师的珍视，他们将学生当作一个独特而完整的生命体来看，通过发现学生身上的"闪光点"，激发学生的自我发展潜能，学生进入良性发展轨道，从而有了更多更好的发展，最终成为人生的"赢家"。马斯洛认为人的需要具有五个层次，即生理需求、安全需求、社交需求、尊重需求和自我实现需求。当个体较低层次的需求得到满足后就开始追求高一层次的需求。自我发展的需要是最高层次的需求，如果每一次的发展需求都得不到满足，孩子可能会获得一种习得性无助，对学习乃至生活可能失去兴趣，最终的结果是在制造"学业失败者"的同时也制造了众多的"生活失败者"。相反，当得到外界的尊重与认可，孩子开始悦纳自己，自我实现的渴望得到激发，产生了一种"我要学"的内驱力。当学习成为一种兴趣而不是负担时，孩子才能真正用心去学，学习的效率才会最高。这种以促进学生发展为目的的学生评价无疑是值得肯定的，也可看作是一种好的或善的学生评价目的。那么，到底何谓善的学生评价目的呢？

（一）何谓善的学生评价目的

如前所述，伦理学中的"善"从词源上看，与"义""美"同义，都是"好"的意思。"好"与"善"之辨，主要涉及道德与非道德领域之间不同的价值关系，善更多的指道德上的好，往往与行为的动机相连。按 W. D. 罗斯的看法，"对"或"正当"涉及的是已做之事（the thing done），而"善"所关联的则是做该事的动机（the motive from which the thing is done）。[①] 这种区分决定了"对"和"善"往往可以不一致：如果某种行为的动机不良，则它虽然"对"，但在道德上却未必"善"；反之，虽然某种行为是不对的，但

---

① 杨国荣著：《伦理与存在》，华东师范大学出版社2009年版，第78页。

只要其动机正确,则在道德上依然可以是"善"的(所谓好心做错事)。事实上,亚里士多德就认为:"善显然有双重含义,一者就其自身就是善,另者则通过它们而达到善。"① 前者可以看作本体的善,即就自身而言的善,如勇气、正义等。后者可视作工具的善,是达到其他善的工具,如游泳、跑步等运动是达到健康的工具。

善与恶之间的评判标准是什么?孟子曰:"可欲之为善。"(《孟子·尽心下》)"可欲"既指值得追求的,也指人的存在所实际需要的;在后一意义上,"善"意味着通过化自在之物(本然的对象)为为我之物(合乎人多方面需要的对象),在合理需要的满足过程中,逐渐达到具体的存在。② 善与恶、好与坏、正价值与负价值可以看作是同一概念,也就是客体对主体的需要——及其经过意识的各种转化形态,如欲望、目的等等——的效用性;而主体的需要、欲望、目的则是善与恶的标准:客体有利于满足主体需要、实现主体欲望、符合主体目的的属性,便叫做正价值,便叫做好,也就是所谓的善;客体有害于满足主体需要和实现主体欲望因而不符合主体目的的属性,便叫做负价值,便叫做坏,亦即所谓的恶。③

康德认为:"一个善意之所以为善,非因它所履行,或所举的功效,亦非因它的容易达成某些预定目的,而单为了决意之故——意思是,它本身便是善了;而且由它本身着想,它该当引致崇敬比之它为满足任何一种性好——甚或全部性好——所能做到的更加值得崇敬。"④

从形式的方面看,"善"既可以用来指事(行为),又可以指称人,而"对"则诚如 W. D. 罗斯所说,只能指称事(行为),而不能指称人:我们一般只说,某人"做得对"。因此,善的学生评价目的必然是符合道德的评价。目的是最好的终点,那么,哪一个目的可以算作学生评价最完满、最后的目

---

① [古希腊]亚里士多德著,苗力田译:《尼各马可伦理学》,中国人民大学出版社 2003 年版,第 8 页。
② 杨国荣著:《伦理与存在》,华东师范大学出版社 2009 年版,第 64 页。
③ 王海明著:《伦理学导论》,复旦大学出版社 2009 年版,第 13 页。
④ [德]康德著,谢扶雅译:《康德的道德哲学》,宗教文化出版社 2011 年版,第 7 页。

的呢？亚里士多德说："一切技术，一切规划以及一切实践和抉择，都以某种善为目标。"①"如若在实践中确有某种为自身而期求的目的，而一切其他事情都要为着它，而且并非全部抉择都是因他物而作出的，那么，不言而喻，这一为自身的目的也就是善自身，是最高的善。"② 从本质上说，学生评价是一项日常的学校教育实践，是检测学校实施教育教学与管理效果，及教育教学目标实现程度的一种手段，其终极目的应该服从于、服务于教育目的。只有首先确定教育目的，才能进行评价，才能确定评价目标。因此，要明白学生评价的终极目的，必须要确定教育的目标或目的是什么。

然而，对于教育的目的是什么，如同学生评价目的一样，也没有形成共识。杜威甚至认为教育过程即教育目的，"成长的过程就是成长，发展的过程就是发展"③，在此之外没有目的。他反对"教育准备说"，认为儿童活在当下，这是一个优势，"要他们为他们不知为何物的东西做准备，也不知为何要准备，等于放弃既有的优势，往茫然之中寻求原动力"④。

从现实来看，教育目的的表述可谓多样。以我国为例，新中国成立以来，我国教育目的的几种经典表述为培养"劳动者""人才""建设者和接班人"以及"公民"等。每一种表述无不打上了时代的烙印，都有其合理性。但作为教育目的无论是内涵还是外延都显然有些偏狭或窄化。教育目的作为引领（学校）教育发展的纲领性导向应该具有更高层次、更为终极的表述。

从教育的词源学来说，《说文解字》中这样解释："教，上所施下所效也"，"育，养子使作善也"。教育就其本质而言是一种使人向善的活动，是为了"育人"。人是教育的核心，是人（教育者）对人（受教者）所进行的活动，没有了人，教育则不可能发生。如此，人是教育的出发点，人的发展则是教育的最高目的或称终极目的。教育中所有的手段都应该服务于这个终极

---

① ［古希腊］亚里士多德著，苗力田译：《尼各马可伦理学》，中国人民大学出版社2003年版，第1页。
② ［古希腊］亚里士多德著，苗力田译：《尼各马可伦理学》，中国人民大学出版社2003年版，第2页。
③ ［美］杜威著，薛绚译：《民主与教育》，译林出版社2014年版，第53页。
④ ［美］杜威著，薛绚译：《民主与教育》，译林出版社2014年版，第53页。

目的。教育的终极目的是"为了人的生命快乐与幸福，是为了人的健康成长和走向快乐、幸福的人生。教育应重视培养每一个学生健全的人格，塑造有积极的人生态度、有克服困难的坚强意志、有优良的品质、学会沟通、学会与人相处、学会学习、学会创造的有个性魅力的真正的人"[①]。说到底，教育目的是"培养人"，这一点可能没人反驳，分歧主要在"培养什么样的人"的问题上。

"培养什么样的人"很明显有主体，即"谁"希望"培养什么样的人"。谈教育的目的是什么，首先面临的是"谁"的目的。从教育目的确定的主体来看，有国家层面、学校层面及教师层面[②]之分。国家层面的教育目的具有纲领性的统领作用，如我国《教育法》明确规定："教育必须为社会主义现代化建设服务，必须与生产劳动相结合，培养德、智、体等方面全面发展的社会主义事业的建设者和接班人。""必须"一词强调了国家层面的教育目的所具有的纲领性。学校层面的教育目的是学校依据办学传统、区域和学校发展实际将国家层面的教育目的加以校本化，由此形成各具特色的学校教育培养目标。教师层面的教育目的理论上是教师个体对国家和学校层面的教育目的的解读与内化，并在实践中加以落实。由于每个人的理解不同，教师层面的教育目的带有很强的个体特征。显然，不同主体对"培养什么样的人"有不同的期许。国家希望培养的是服务于特定时期社会所需要的人。学校希望培养的是符合社会需要，同时也带有学校特征的人。教师则依据其对人才培养观的理解而具有不同的期望，如有的老师希望培养有个性的人，有的老师希望学生成为社会所期待的人。虽然允许学校和教师可以对国家层面教育目的进行发挥或创造，但教育的工具性和从属性要求发挥或创造必须在遵从国家教育目的的前提下进行。

依据"谁"来确定的教育目的，杜威将其看作教育的外在目的，他认为

---

① 王北生：《"育才"与"制器"：教育究竟为了什么和应做什么》，载《教育理论与实践》，2009年第1期。

② 参阅程亮著：《教育的道德基础——教育伦理学导论》，福建教育出版社2016年版，第143—145页。

在教育过程之外无目的。在杜威看来，教育的目的就是经验的不断改组或改造，而经验的不断改组或改造就是教育本身，因此他说："教育的过程，在它自身以外没有目的；它就是它自己的目的。"① 教育的目的就在教育过程之中，也就是"生长"。很多时候，我们迷失了教育方向乃在于混淆了教育的外在目的和内在目的，将教育的外在目的凌驾于其内在目的之上，人的发展让位于其他各种外在目的。

教育目的为什么会有内外之分呢？究其实是因为教育本身是一种手段与目的统一的活动，既预设了目的，又内含了实现目的的手段。教育作为社会的一个子系统，属于社会的上层建筑，它必然要服务于特定社会和国家的发展，教育的手段属性决定了它的外在目的。同时，就教育内部而言，人们受教育很大程度上也是为了获得自我的提升，既有知识的获取，也有各种能力的发展；既是为了适应社会做准备，也是为了个人内心的充盈和精神的富足。受教育甚至被许多哲学家认为是人与动物的区别之一，是人成其为人的重要途径。哲学人类学家米切尔·兰德曼说："人的非特定化是一种不完善，可以说，自然把未完成的人放在世界之中，它没有对人作最后的限定，在一定程度上给他留下了未确定性。"② 未完成的人只有通过不断的学习才能不断地趋向成人，正如康德所言："人只有经过教育，才能成为人。"受教育的目的不只是获取文凭，或者说获取文凭不是受教育的主要目的，潜能的发展、心智的成长、精神的富足等才是其主要目的。

学校是个体系统接受教育的专门机构，理论上而言是"培养人、造就人的场所"。但事实上，学校并非完美无缺的，如以应试为导向的学校可能成为扼杀学生个性发展的场所，过多限制的教学可能成为压制学生自由的根源，在特殊时期，学校还可能是当政者或侵略者控制意识形态的"主阵地"，等等。美国学者伊里奇在其《非学校化社会》中对西方现代学校是否有助于教育公平、是否有助于人的全面发展、是否有助于世界的祛魅等三个常识进行

---

① [美]杜威著，王承绪译：《民主主义与教育》，人民教育出版社 2001 年版，第58页。

② [德]米切尔·兰德曼著：《哲学人类学》，贵州人民出版社 1988 年版，第 228 页。

了批判性反思，认为西方学校制度在制造贫困、反教育性、隐性课程、世界宗教等方面具有负功能，在此基础上，他提出要防止过度学校化。因此，学校目的并不总是服从于教育的终极目的，而学生评价往往是服务于学校目的的，如此一来，学生评价目的也并不总是服从于教育目的。

任何目的都有实然和应然之分。实然的目的是现实的目的，而应然的目的则是人们构想的一种理想形态的目的，往往是在批判实然目的的基础上构想的。善的学生评价目的无疑是一种应然的学生评价目的，是在批判与反思实然目的的基础上构想一种应然的、理想状态的学生评价目的，即理想的学生评价目的应当是什么。"在逻辑的层面上，'应当'意味着超越既成的存在方式而指向理想的形态。"① 应当包括两个维度，一是时间维度，指向未来；二是价值维度，是"好的"或"善的"。应当还有一个前提，即"能够"，应当是要能够实现的，而不是遥不可及、虚无缥缈的"空想"，只有基于"能够"，应当才有现实性。善的学生评价还必然是合目的性与合规律性的统一，合目的性要求对人的存在价值的确认，合规律性则意味着对普遍之道的尊重。应然的、理想的学生评价目的本质上是一种"善"的目的，对学生来说应该是"好的"。"在一个真正'以人为本'的自由社会里，教育的目的应当是人本身。""发展教育的直接目的应在于保障每个人的自由发展，而非控制个人的发展以达成其他目的。"② 这也即康德所言，人任何时候只能是目的，而不能只是当作手段。一个好的或善的学生评价也应以人的发展为其最终目的。

简而言之，善的学生评价目的首先必须是从学生发展角度出发的，是以学生为立场的。不可否认，学生评价是一种管理的手段，具有工具价值，但同时它是一项教育实践活动，还具有内在价值，且当二者发生冲突时，其工具价值必须服从于内在价值。

---

① 杨国荣著：《伦理与存在》，华东师范大学出版社 2009 年版，第 89 页。
② 项贤明：《论教育目的的公平转型》，载《华东师范大学学报（教育科学版）》，2017 年第 2 期。

(二) 善的困境：两种伦理思维

案例："老师经常表扬我，我怕谁"①

学生阳阳（化名），现为六年级学生，原来是所谓的后进生，上课不专心，常捣乱，作业也经常不完成，下课后与同学之间摩擦很多。老师见了个个头痛，同学对他敬而远之。他上五年级时，我是他老师，就想：应多给他鼓励，让他建立自信。所以在一年多的时间里，常常对他褒扬有加，尤其是在他有进步时（哪怕这点进步在别人看来是微不足道的）。一段时间下来，效果果然明显。他对自己的行为已能有所控制，自信心也大大增强。正当我为自己的成功教育而欣喜之时，接连发生的两件事情却让我陷入深思：一是有同学向我报告，阳阳又犯错误了，和很多劝他的同学吵上了，还说："邓老师经常表扬我的，所以这次他也不会怎么说我，我才不怕你们呢。"二是在一堂课上他屡次破坏课堂纪律，经多次"激励式"的引导无效后，我进行了批评，谁知他竟离开教室扬长而去……

老师的原意是通过激励来改进"后进生"，但学生在改进的同时，自我也因过度的表扬而"膨胀"。老师的做法到底是对还是不对呢？然而，很难简单地用对或错来评判教师的行为。就个体而言，道德的善可分为行为的善和人格的善。"行为的道德向度一般体现并展开于人我之间或群己之间。个人行为之所以对他人或群体表现为道德上的善，主要便在于它有助于他人或群体价值的实现。在此意义上，道德领域的'善'，同样呈现出某种外在的、工具的特征。"② 人格的善是内在的善，通俗地讲就是一个人的品性好，是一个好人。当然，行为的善与人格的善不是彼此分离，也并非线性相关的关系，人格的善往往体现为行为的善，但一个人偶尔的行为善并不能说明他自身是一个有道德的人，而一个人格为善的人的行为也并不总是善的，"好心办坏事"的情况也时有发生。

事实上，由于存在不同的伦理流派，各自的主张并不一致，甚至相互冲

---

① 许爱红著：《多元学生评价的理论与实践》，明天出版社2005年版，第3页。
② 杨国荣著：《伦理与存在》，华东师范大学出版社2009年版，第74页。

突，因此即使用伦理规范来调适各种冲突、对立和困境，也还需要区分不同的伦理主张所产生的不同规范。在实践中，应用较为广泛的是"效果论"或"目的论"与"非效果论"或"义务论"两种对立的伦理主张。

"效果论"或"目的论"者认为，行为的对与错要依据行为的结果来判定，不只强调产生出内在的"好"，他们关注的是如何使"好"最大化，换言之，带来最多的收益。极端的效果论甚至认为：为了达到一个好的效果可以采取任何手段。在效果论看来，决定行为道德性质的只有效果，只要行为效果好，这个行为即可以认定是道德行为，而这一切与行为的动机优劣没有关系。在效果论看来，评价道德行为时，动机完全可以悬置甚至可以不加任何考虑，只要看效果即可了。① 效果论中一支重要的流派是所谓的功利主义（utilitarianism），这是享乐主义在社会领域的应用。功利主义认为，如果一种行为的选择能够带来最大的收益，这种行为便是最好的或最优的选择。社会政策的制定应该依据"最大多数人的最大利益"的原则，追求总效用的最大化。"要决定一项政策的好与不好，实际上是要确定出这项政策对于平均效用值的影响。平均效用值最大，则最为公正。"② 效果论者在处理评价伦理困境时，无疑会以行为产生的利益最大化为原则，认为个体利益的总和即为社会利益。

"非效果论"或"义务论"以康德为代表。康德是"纯粹"的义务论者，他认为，判断一种行为的善恶，不是依据其目的，而是看其动机，"为尽义务而尽义务""应该如此"。在康德看来，一种行为只有是出于义务或责任，以义务或责任为动机，这种行为才会具有道德价值。康德认为善良意志是道德价值的真正来源，一个行为之所以善，不是由于它达到了什么效果，得到什么好处，而是由于他的意志善。判断行为是否道德，根据就在于它是否出于由善良意志所决定的行为准则。判断"某一事物是善的"是正确的，只是因

---

① 李廷宪著：《教育伦理学的体系与案例》，安徽师范大学出版社 2010 年版，第 36 页。

② ［美］肯尼思·A. 斯特赖克、乔纳斯·F. 索尔蒂斯著，张娜译：《教学伦理》，教育科学出版社 2007 年版，第 17 页。

为这一事物具有某种价值属性，善的属性。出于"应当""义务"的行为是善的，否则即为恶。只要目的利己，不论手段如何利人，都是不道德的。善良意志是具有道德价值不可缺少的条件。罗尔斯作为当代康德思想的发扬者，他提出了"最少受惠者的最大利益"，一项政策是否合理，不仅要考虑效果的最大化，也要考虑社会中的弱势人群，并以其受益的最大化为衡量标准。

简而言之，效果论者依据结果来判定行为的善与恶，义务论者依据动机来判定行为的善与恶。然而，现实中有些行为的善恶界线并不容易划分，如目的善与手段恶，手段善与效果恶。有些行为在产生好的结果时也产生了一些附带的坏的结果，有时也很难评判总的效益是利大于弊还是弊大于利。比如，在新课程改革中，非常强调学生的主体地位，凸显激励性评价的积极意义，于是在有些课堂上出现了"一片叫好声"，课堂上只有表扬，没有批评。有的教师信奉"好学生是夸出来的"，认为表扬可以最大限度地激发学生的发展潜能，是对学生自尊心的保护。但事实上，很多表扬无原则，没有实质内容，学生说什么都会得到表扬，没有是非对错之分（谓之"悬置对错"），这种滥用表扬的结果是导致有些学生"自我膨胀"，盲目自负，听不进任何批评，如案例中的阳阳，在老师批评他之后竟"扬长而去"。另一方面，有的学生认为教师没有是非与对错观，任何人的回答都能得到教师的表扬，起初可能会因为受到表扬而高兴，但久而久之也就不相信这种"廉价"的表扬了，甚至会认为教师虚伪。表扬表面上看对大家都无害，但如果人人都受表扬，那么这些表扬的价值在哪里？没有从学生的实际出发，无节制地使用肤浅的表扬同样也可以看作不道德的。

此外，肤浅的表扬基于人人都对，难以对学生获取正确的信息起到引导作用，也难以说是道德的。尊重学生并不排斥批评，批评并不必然伤害学生，合理适时而善意的批评有助于学生认清自己的不足，同样是一种有效的评价手段。事实上，无论是批评还是表扬都要讲究"度"，都要考虑学生的应得，即学生的行为是否值得批评或表扬，以及批评或表扬能否真正促进学生的发展，否则都是虚伪的，不道德的。正如罗斯所认为的，正当的行动并不由引起该行动的动机所具有的价值来决定，即便这种价值有利于行动者，或者是某种独立于行动者之外的善。① 评价应考虑学生的应得，基于事实进行评价，让学生得到与其行为相匹配的赞扬或批评，唯有真实的评价才让人信服。

在现实中，伦理实践具有一定的复杂性。不同的伦理主张所指导的行为是不同的，甚至是冲突、对立的，是产生两难困境的根源。例如对什么是学生的利益可能存在不同的认识。有的教师认为学生能考取好的大学是最大的利益，在他看来，社会竞争激烈，唯有考入好的大学才能有好的发展前景。"高分"是唯一的目标，只要有利于学生升学的做法，如加班加点进行"题海战"就是应该的。有的教师认为学生的全面发展是最大的利益，在他看来，社会所需要的人才是多种多样的，因此学生的发展应该是多元的，教育的目的是要充分发展学生的各种潜能，为学生的终身发展奠定基础。学生的在校时间不应全部用在学业学习上，而应进行合理分配，让学生培养多种兴趣。第一种观点是目的论观点，只要结果（升大学）利己，不惜牺牲学生的休息时间以换取好的分数。第二种观点属于义务论观点，分数不是学生的唯一，学生的潜能应得到充分的发展。义务论观点从理论上来说显然更为合理，立足于学生的全面发展、终身发展。但持该种观点的教师如果不同时提高升学率，显然在残酷的升学率面前难以为继。同时，也很难说持第一种观点的教师完全不对，在"学而优则仕"的传统文化以及激烈的竞争中，对很多学生来说（尤其是弱势群体），考入大学（特别是名牌大学）可能是他们进入中上层社会的唯一途径，毕竟教育在当前社会仍然具有重要的社会分层功能。

三、善的学生评价目的如何可能

人的发展到底应该是一种什么样的发展？这里的人无疑是指学生（特指基础教育阶段学生），教育要为学生哪些方面的发展服务，应该如何促进学生的发展。同时，教育作为社会系统的一个子系统，其还具有工具价值，比如

---

① ［英］戴维·罗斯著，菲利普·斯特拉顿-莱克编，林南译：《正当与善》，上海译文出版社 2008 年版，扉页。

要服务于社会的发展，即为谁培养人的问题。也就是要解决三个问题，培养什么样的人、如何培养人以及为谁培养人。

一般而言，目的与目标相比更为抽象，是某种行为活动的普遍性的、统一性的、终极性的宗旨或方针，如终极目的。从教育的终极目的来看，教育是为了育人，为了灵魂的引导，为了学生的成功和幸福。教育是以学生的生命为原点的，学生的发展即是教育的目的。学生评价应着眼于、致力于促进学生的发展。加德纳指出，评价的目的不是为了给学生排序、贴标签，而是要通过评价为学生今后的发展提供建议，从而促进他们的发展。《国家中长期教育改革和发展规划纲要（2010—2020年）》在人才培养体制改革方面提出："改革教育质量评价和人才评价制度；在学生评价方面，完善学生成长记录，做好综合素质评价，探索促进学生发展的多种评价方式，激励学生乐观向上、自主自立、努力成才。"明确提出了未来学生评价的发展方向与价值追求，凸显了评价的伦理性。

生命应成为学生评价的起点，学生评价应以促进所有学生的全面、终身发展为己任。可以称之为"善"的学生评价目的必然是以学生的幸福为旨归的。具体而言，善的学生评价目的应符合以下几个条件。

（一）学生评价应着眼于全体人的发展，而不只是部分人的发展

儒家讲"仁者爱人"，在他们看来，爱是无差等的，正如孔子所言："有教无类"，学生在学校中应得到一视同仁的对待。受到公平对待是对学生基本权利——发展权、受教育权的保障。联合国儿童基金会（UNICEF）曾这样界定"公平"："公平意味着所有孩子不受任何歧视、偏见或不公，享有生存、发展并充分实现其潜能的机会。"但现实生活中，学校以分数作为衡量学生发展的标准，将学生人为分为"三六九等"、贴"好学生、坏学生"标签的现象并不少见。有些学校或教师为了所谓的"升学率""优秀率"，不惜讽刺、挖苦、体罚那些被认为升学无望的学生，暗示甚至明确让这些学生不参加考试，以免影响升学率或优秀率等。学校以成绩划分等级，甚至以成绩判断人品，"一好俱好"，如优秀学生的评选主要以学业成绩为参考依据。许多所谓的"好学生"不过是能在考试中取得高分的学生，而成绩落后者则被人讥笑为笨

蛋，在学校被孤立，导致这些学生对学习失去兴趣，并自暴自弃，对自己不断否定。就这样，考试犹如一个筛子，将不符合学校升学标准的学生层层筛选掉，制造了众多的生活失败者。

从本质上来说，以分数来淘汰学生的学生评价奉行的是精英主义教育，将学生人为分成不同的层次实施不同的教育，不同的学生进入不同的学校或班级，如重点学校、重点班，人才结构呈现出金字塔形，金字塔顶部即所谓的"精英"，大量的学生成为陪读的"牺牲品"。诚然，精英主义教育在教育资源极度匮乏的时期有其一定的合理性和特殊价值（集中力量培养人才），但不可否认，其对大多数人发展的可能性给予了否定与压制，是不人道的。布卢姆的评价理论认为："不能把学校看作是以供选拔的机关，而应把学校看作是以个人发展作为第一功能的教育机关。"[1] 他认为，"当今学校教育的目的，不是选拔少数的优秀分子，而应该去广泛地发现学生各自的内在潜力，并相应地定出学习时间、教授方式、动机启发、学习场合等，由此来谋求个人的自我实现，并在其发展的基础上，力求适应社会的要求。"[2] 人的自我成长与发展是受教育的主要目的，"人参与到教育活动之中，其目的本来就在于其自身活动发展，而不是要藉此将自己改造成他人或社会的工具，尽管他自身的发展最终会给他人和社会发展做出某种贡献"[3]。这也回应了康德所说的，人是目的，而不仅仅是手段。每个人既是个体的存在，也作为类的存在，无数的个体构成了社会共同体。个体的发展是类的发展的基础，只有个体发展了，社会才有了发展的可能。正如《共产党宣言》中所提到的："（在人类理想的社会）每个人的自由发展是一切人的自由发展的条件。"

在本质上说，教育的内在目的和外在目的都应该最终指向学生的幸福，"教育是一种为学生的成功和幸福打基础的事业，是为了学生的成功和幸福，

---

[1] 瞿葆奎主编：《教育评价》，人民教育出版社1989年版，第498页。
[2] 瞿葆奎主编：《教育评价》，人民教育出版社1989年版，第500页。
[3] 项贤明：《论教育目的的公平转型》，载《华东师范大学学报（教育科学版）》，2017年第2期。

而不是为考高分以牺牲学生的某些身心发展为代价"①。个体接受教育是为了成就自己，使自身所具有的潜能得到充分的发展，个性得到完善。事实上，受教育的过程是一个"成己"与"成人"的过程。"成己"是向内的，主要是指向自我在人格上的完善，"成人"是向外的，是个体对他人的责任。如果教育的作用只是淘汰人，其存在的必要性就值得质疑了。

　　教育的价值就在于其给予儿童一定的基础条件，使得他们能够对最有价值的事物进行评估和自由选择，能够更理性、更积极应对未来的生活和参与社会建设，能够更体面、更有尊严地生活。古特曼（Guttman, A.）认为，在基础性的教育层面，"所有的孩子都应当学习足够的知识，以使自己不仅能够过一种最低限度的体面的生活，而且能够有效地参与民主决策过程"。沃尔泽指出学生还拥有另一项权利："只要他们是在公立学校中为获得公职做准备，那么他们获得的准备就要尽可能的平等。"② 承认正义的代表人物霍耐特认为，应该有一个关于认同形成的更细致的概念，这样，参与公共领域的活动意味着能够毫无羞愧地去参与，能够以一种自愿的形式来展示他或她个性的潜能，从而才能形成个体认同。从这个角度，霍耐特指出如果想获得个体认同，则人们必须获得的三种承认领域是：爱、法律承认和社会尊重。作为一名社会共同体中的成员，个体不只是一个独立的个体，而是与社会有着千丝万缕的联系，他不仅要获得生存的基本能力，还要作为一个公民参与到社会活动中去，而社会参与是个体的权利与自治的表现，也是获得社会认同与尊重的必要前提。"如果我们对待此人的方式是，不给他们的利益（他们的愿望和他们的福祉）以独立的权重，就算人已经被指认为人，他还是被仅仅当作手段。"③

---

　　① 王北生：《"育才"与"制器"：教育究竟为了什么和应做什么》，载《教育理论与实践》，2009 年第 1 期。
　　② 参见程亮：《何种正义，谁之责任？》，载《教育发展研究》，2015 年第 2 期。
　　③ ［英］迈克尔·罗森著，石可译：《尊严：历史和意义》，法律出版社 2015 年版，第 68 页。

（二）学生评价应着眼于学生的终身发展，而不是某一阶段的发展

从教育的起源来看，教育并无阶段划分，而是贯穿人的一生。当学校教育出现后，教育的外延开始窄化，基本上与学校教育同义，学校教育成为教育的一种特指，一个人受教育等于受学校教育。但事实上，一个人受学校教育的阶段相对其一生来说并不算长，从6岁入小学，到22岁大学毕业，不过短短的16年。学校教育是学生进入社会的必经之途，是学生身心成长，并获得独立生存能力的重要场所。学校教育无论多么重要，都只是儿童生活的一个片段，有其开始和结束的时间。相对来说，人们日后的工作和生活才是一个人的重心，儿童接受学校教育是为了能更好地生活，正如斯宾塞所认为的，"教育是为完满生活做准备"。因此，学校教育不能等同于教育。尤其在信息社会，知识更新速度加快，学生在学校中所接受的教育已不足以应对日新月异的社会发展，终身教育与终身学习已经成为一种生活常态。学生来学校接受教育，不仅仅只是为了获取知识和技能，而是为其未来可持续发展奠基。学校教育应基于学生的现实，着眼于学生的未来。

儿童处于未成熟状态，杜威认为："未成熟状态的两个主要特性依赖性与可塑性——必须以这个状态的积极建设性走向为起点。"未成熟状态并不意味着"欠缺"，反倒意味着儿童发展的无限可能性，这也正是儿童可以受教育的前提。学生的未成熟状态也使得教育的收益具有滞后性，有些成效在短期内难以看出来，因此可能超越了评价所能测得的范围。

从个体发展的差异来说，有些学生属于早熟型，很早就体现出在某一方面或某些方面的天赋，而有的学生则属于晚熟型，只有到一定年龄阶段才表现出某方面的长处。在学校里，早熟型的学生更能适应学校教育，往往遵守纪律、学习认真、主动，且学业优秀。当教师面对一班几十个学生时，他们往往青睐这些早熟型学生。相对来说，晚熟型学生懵懂、不爱学习，甚至喜欢捣乱，学业成绩也较差，让老师头痛。很明显，早熟型的学生更符合当前学生评价标准，在学校中更容易归到"好学生"之列。晚熟型的学生相对来说处于劣势，很有可能在天赋或潜能没有表现出来之前被认为是"差学生"。学校要做的是为儿童发展提供条件，而不是限定或遏制其发展。然而，现实中，学生评价往往起着"筛子"的作用，将那些不符合某些特定阶段标准的学生早早地淘汰了。如从性别差异来说，女生比男生更偏向于记忆，而义务教育阶段的知识侧重于记忆，无疑更适合女生，在某种程度上，这也可以作为为什么义务教育阶段"阴盛阳衰"的一个可能解释。

受教育的过程就是学生"成人"与社会化的过程，通过接受教育而成长为社会所需要的不同个体，并获得内在精神的富足感。一切教育都在塑造智能和道德的品行，但塑造过程在于选择并协调学生与生俱来的行为，使这些行为利用社会环境中的学习材料。

（三）学生评价应促进学生各方面能力的综合发展，而不是某一种能力的发展

德国人才学研究者威尔尼茨教授说，教育是对人类灵魂的引导和塑造，而不是培养"高分"和制造"升学率"。人才的成长与发展是德、识、才、学诸因素的综合效应。①

在某种程度上可以说，唯智主义的学生评价在当前依然有着很大的市场。近几年重点高校争夺状元风的愈演愈烈，对录取的"状元"甚至前五名的奖励许诺不断升级，就造成了有些学校不顾学生的身心发展，不考虑学生的生命与幸福，结果培养出了如当年恩格斯在《共产主义原理》中所描述的"每个人都只能发展自己能力的一方面而偏废了其他各方面"②，犹如马尔库塞所说的"单向度的人"。智商高情商低、有学历无教养的问题仍存在于教育现实之中。在这种学生评价的导向下，家长对学生的学业也是前所未有的关注，而学生的性格、品行修养等却没有给予足够的重视。越来越多的低龄学生放学后、周末等闲暇时间奔波于不同的兴趣班和辅导班，受着来自各方面的压力而身心疲累，焦虑情绪在我国不同社会阶层中蔓延，中小学生由学业问题引发的自杀事件、师生之间及亲子之间的冲突等现象也屡见不鲜。

---

① 杨方：《德国大学为何拒收"高考状元"》，载《中国青年报》，2005 年 6 月 30 日，第 2 版。
② 王北生：《"育才"与"制器"：教育究竟为了什么和应做什么》，载《教育理论与实践》，2009 年第 1 期。

从应然的角度来说，无论处于何种社会，学生评价的对象都是一个富有思想、情感、知识、素养等的整体人。作为精神层面相对稳定的结果，人格有多方面的规定和向度，诸如理性之维、情感之维、意志之维等等。如果仅仅偏重于其中的某一方面，往往容易引向片面的存在。人的多方面发展体现于人格之域，具体便表现为理性、情感、意志等规定的多向度展开。[①] 只有学生评价转向学生的全面发展，教育才有可能真正关注学生的内心世界和生活世界，注重学生情感、兴趣与信仰的培育，注重学生的学习经验和学习结果之间的联系，从而确实做到培养具有健全人格的学生。

虽然我们强调培养全面而均衡发展的人，但并不意味着要把儿童培养成同步、同等发展的人，这是不切实际的，也是违背儿童身心发展规律的。人的发展受到遗传、教育和社会三个方面的影响。就个体而言，每个儿童生长的背景不一样，天生的个性禀赋不同，受到的外在影响不同，其不可能成长为同样的人。这种差异性要求学生评价的内容标准应依据评价的类型而关注学生不同潜能的发展，如学业评价、道德评价、创新能力评价，基于不同类型的评价来评定学生在不同方面的发展水平。

四、以善为目的的学生评价实践

进入20世纪90年代，随着素质教育理念的提出，国家开始对传统的以应试为导向的学生评价进行改革，在颁布的多项政策文件中均提到了评价改革。1993年，中共中央、国务院颁布的《中国教育改革和发展纲要》提出"中小学要由'应试教育'转向全面提高国民素质的轨道，面向全体学生，全面提高学生的思想道德、文化科学、劳动技能和身体心理素质，促进学生生动活泼地发展，办出各自的特色"，并指出"建立各级各类教育的质量标准和评估指标体系。各地教育部门要把检查评估学生教育质量作为一项经常性的任务"。1999年，中共中央、国务院在《关于深化教育改革全面推进素质教育

[①] 杨国荣著：《伦理与存在》，华东师范大学出版社2009年版，第62页。

的决定》中提出:"要加快改革招生考试和评价制度……建立符合素质教育要求的对学校、教师和学生的评价机制。"在此背景下,我国开始倡导一种发展性学生评价。发展性学生评价(Developmental Students' Assessment)是20世纪80年代产生于西方的一种评价理念,20世纪90年代在我国兴起,特别是新一轮基础教育课程改革以来,随着教学观、学生观及师生观等观念的更新,已成为一种普遍实施的学生评价。

发展性学生评价是一种以多元智能理论、建构主义理论以及人本主义理论等理论为基础的评价理念与实践,不再仅仅是甄别和选拔学生,而是以促进评价对象的发展为根本目的,要求教师用发展的眼光看待每一个学生,促进学生潜能、个性、创造性的发挥,使每一个学生具有自信心和持续发展的能力。发展性学生评价同时也是一种增值评价,将评价结果与学生原有的基础相比,看学生经过一段时间学习后的进步情况。

在具体的评价实践方面,发展性学生评价在评价目标、评价方式、评价主体等各方面呈现出多元的特点,力图促进学生的全面发展:一是评价目标的多维性,相比于传统学生评价的知识本位和能力本位,发展性学生评价重视学生综合素质的发展,不仅关注学生的学业成绩,同时也关注学生的情感态度和价值观,将学生作为一个整体的人而关注学生的生命成长体验;二是评价主体的多元化,在传统的学生评价中,学生是被评对象,处于一种客体地位,缺乏话语权,在发展性学生评价中,除了教师,学生、家长及社会等相关利益者都参与到学生评价中来;三是评价形式的多样化,发展性学生评价不仅通过考试等定量评价方式对学生进行评价,还通过访谈、观察、课堂记录等多种定性方法来评价学生,力图通过多种方法全面客观评价学生;四是评价指标的全面性,对学生进行评价除了学业等量化指标,还关注学生个性、情感等方面的发展,构建一个由共性与个性、结果与过程、定量与定性相结合的评价指标体系;五是关注评价的过程性,发展性学生评价强调将诊断性评价、形成性评价和终结性评价相统一,不仅关注结果,更关注过程。

素质教育理念提出以来,发展性教学评价在实践中被普遍运用,如档案袋评价、真实性评价等,强调评价的过程性和评价内容的全面性,从而凸显评价的发展功能。2002年教育部《关于积极推进中小学评价与考试制度改革的通知》明确规定"要从德、智、体、美等方面综合评价学生",主张"采用多样的、开放的评价方法",把评价标准分为基础性发展目标和学科学习目标,其中基础性发展目标涵盖道德品质、公民素养、学习能力等六方面内容。档案袋评价是一种通过对档案袋的制作过程和最终结果的分析而对学生发展状况所作出的评价。档案袋又称"成长记录袋"(portfolio),其原意为"代表性作品选辑",学生可以将自己认为最好的作品,如学习日记、思考心得、小制作等放到记录袋中,一段时期之后可以看出学生的发展变化,体现了评价的过程性。北京市陈经纶中学根据《教育部关于加强和改进普通高中学生综合素质评价的意见》(2014)中提出的综合素质评价包括思想品德、学业水平、身心健康、艺术素养和社会实践五个方面内容,构建和制定了可直观反映学生这五个方面内容的"成长档案袋",收集、记录学生成长的过程性发展材料,立体地反映学生高中三年的发展痕迹。①

21世纪初,我国启动了第八次全国性的基础教育课程改革(简称"新课改"),新课改以来,国家一直在探索着教育评价体系的改革,既有政策层面的也有实践层面的。2001年,教育部颁发的《基础教育课程改革纲要(试行)》(教基〔2001〕17号)中明确提出"要改变课程评价过分强调甄别与选拔的功能,发挥评价促进学生发展、教师提高和改进教学实践的功能"。2002年,《教育部关于积极推进中小学评价与考试制度改革的通知》中明确提出"建立促进学生全面发展的评价体系""促进教师不断提高的评价体系"和"促进课程不断发展的评价体系"②,其中将学生全面发展的目标规定为道德素质、公民素养、学习能力、交流与合作、运动与健康、审美与表现。2010年,国家出台的《国家中长期教育改革和发展规划纲要(2010—2020年)》第三十三条强调要"改革教育质量评价和人才评价制度。改进教育教学评价。根

---

① 牟成梅:《成长档案袋:学生综合素质评价的载体》,载《中国考试》,2018年第1期。

② 《教育部关于积极推进中小学评价与考试制度改革的通知》,《人民教育》,2003年第Z1期,第40—42页。

据培养目标和人才理念,建立科学、多样的评价标准。开展由政府、学校、家长及社会各方面参与的教育质量评价活动。做好学生成长记录,完善综合素质评价。探索促进学生发展的多种评价方式,激励学生乐观向上、自主自立、努力成才"。2013年6月3日,教育部为深入贯彻落实党的十八大精神和教育规划纲要,颁布了《教育部关于推进中小学教育质量综合评价改革的意见》,重申推进评价改革的重要性和紧迫性,并提出要"准确把握推进评价改革的总体要求""建立健全中小学教育质量综合评价体系""完善推进评价改革的保障机制"。2014年《国务院关于深化考试招生制度改革的实施意见》提出:"建立规范的学生综合素质档案,客观记录学生成长过程中的突出表现,注重社会责任感、创新精神和实践能力,主要包括学生思想品德、学业水平、身心健康、兴趣特长、社会实践等内容。"2017年9月,中办、国办印发了《关于深化教育体制机制改革的意见》,指出:"强调要建立以学生发展为本的新型教学关系。改进教学方式和学习方式,变革教学组织形式,创新教学手段,改革学生评价方式。"

在本质上,新课改以来的学生评价依然倡导发展性学生评价,但在学生培养方面,从注重学生素质培养转向了学生素养培育。近年来,联合国教科文组织、欧洲联盟、经济合作与发展组织等高度关注学生核心素养(competence)的培育。经济合作与发展组织(OECD)自1997年起即开始研究"核心素养",经过多年研究于2003年出版了《核心素养促进成功的生活和健全的社会》(Key Competencies for a Successful Life and a Well-Functioning Society),将素养"看作是个体在特定的情境下能成功地满足情境的复杂要求与挑战,并能顺利地执行生活任务的内在先决条件,强调个体与情境之间的互动关联以及对优质生活的追求"[①]。2016年2月,中国教育学会公布《中国学生发展核心素养(征求意见稿)》,提出了包括社会责任、国家认同、国际理解等在内的9大素养,这也构成了核心素养评价的重要依据和参考。核心素

[①] 柳夕浪:《从"素质"到"核心素养"——关于"培养什么样的人"的进一步追问》,载《教育科学研究》,2014年第3期。

养的培养关注学生个性的发展，以多种方式评价学生，强调评价的过程性、动态性和情境性等，对于培养全面而有个性的人具有重要意义，是对新时代学校培养什么样的人的回应。

国际学生评估项目（Programmer for International Student Assessment，简称 PISA）是 OECD 发起的国际比较研究，自 2000 年起，PISA 测试每 3 年举行一次，主要评价对象为成员国或非成员国中即将完成义务教育的 15 周岁学生，评估学生在多大程度上掌握了全面参与社会所需要的终身学习能力，聚焦在阅读、数学和科学等关键领域的素养上，2012 年新增了财经素养，2015 年增加协作性问题解决能力的测评。PISA 测试是基于终身学习的动态模型设计的，"PISA 所测量的是完成与现实生活相关的任务的能力，它取决于对关键概念的整体理解，而不是把评估局限在特定学科知识的理解上"[①]。这种运用已学知识和基本技能去解决问题的能力，被称为素养（literacy）。按照经合组织的解释，素养是指"有关学生在主要学科领域应用所学知识和技能的能力，在问题出现时分析、推断和有效交流的能力，以及在不同情境中解释和解决问题的能力"[②]。2011 年 10 月，PISA 项目创始人安德烈亚斯·施莱克尔（Andreas Schleicher）在北京作了以"世界一流教育体系的特色：中国与世界的比较"为题的学术报告，向中国教育界和在京媒体再度阐述了 PISA 的基本理念。他明确而自信地指出：那种在学校背诵一些已有知识以图进入社会后就能借此运用的时代早已一去不复返；经济越是发展，背诵能力就越是显得无用；优质的教育体系一定会非常重视对学生思维能力的培养、重视对其面向未来而去解决实际问题的能力的培养，并引导他们终身热爱学习——这些正是 PISA 项目多年来所重点评估的内容。[③]

PISA 的评价内容、评价对象和评价目的不同于学业选拔考试。体现在：

[①] 陆璟著：《PISA 测评的理论和实践》，华东师范大学出版社 2013 年版，第 3 页。
[②] 张民选、陆璟、占胜利、朱小虎、王婷婷：《专业视野中的 PISA》，载《教育研究》，2011 年第 6 期。
[③] 李斌：《"不愿主动学习是中国教育的大问题"》，载《中国青年报》，2011 年 10 月 10 日，第 2 版。

(1) 关注学生应用知识和技能解决实际问题的能力，而不是考核学生对课程内容的掌握情况；(2) 以抽样方法对教育系统进行整体评价，不针对学生个体和单个学校；(3) 研究教育系统、学校、家庭、学生个人特征等方面对成绩的影响，为教育决策提供依据，而不只是对成绩的统计分析。① PISA 测试的方式包括对学生测试和问卷调查。此外，在 PISA 测试中，所有 PISA 题目的一个共同特征是：每个题目必来源于一个真实的生活场景，与参与者的生活经历相关，根据与学生生活的远近距离分为个人情境、教育或职业情境、公共情境和科学情境四类，以检测学生在生活中遇到这些问题时如何应对。杜威说，教育即生活。当知识脱离学生的生活世界成为一个个抽象的概念，很难说这些知识到底有多大的价值。因此，评价要积极发挥其"指挥棒"作用，促使教学回归学生的生活世界。

此外，新世纪以来，一些国家对本国的学生评价进行了改革以推动本国教育改革。如加拿大安大略省将学生评价体系聚焦于"指向学习"，不仅关注学生学习的过程，也关注学习的结果，致力于提升所有学生的学习成效。学生评价将传统的诊断性评价、过程性评价和终结性评价替换为"为了学习的评价（Assessment for Learning）""作为学习的评价（Assessment As Learning）"及"对学习的评价"（Assessment of Learning），这不仅是名称上的改变，指向学习的评价更能"揭示评价的目的并指导评价信息的使用"②，认为学生评价的首要目的是"促进学生的学习"。其中"为了学习的评价"和"作为学习的评价"关注的是学生学习过程中的表现，"对学习的评价"关注的是学生学习的结果。从"对学习的评价"到"为了学习的评价""作为学习的评价"，不是文字概念的游戏，而是一种评价观的转变，不只关注学习结果，也关注学习过程。在具体的评价过程中，这种转变表现为评价内容从单一维度转向综合维度，"不以学生某一项分数作为评判标准，而是从学生的责

---

① 陆璟著：《PISA 测评的理论和实践》，华东师范大学出版社 2013 年版，第 1—2 页。

② 周靖毅：《指向学习的学生评价体系：加拿大安大略省的经验和启示》，载《外国中小学教育》，2018 年第 3 期。

任心、组织能力、独立工作能力、合作能力、主动性以及自我管理六个方面评估学生在整个学习阶段中所呈现出的行为"①，不仅关注学生学科知识的掌握，还对学生的高阶能力进行评价，将学生作为一个整体的人来评价，这无疑符合当前的国际学生核心素养评价趋势。

从善的视角来看，任何的学生评价都应该具有一定的教育价值，对人的发展来说是有意义的。

---

① 周靖毅：《指向学习的学生评价体系：加拿大安大略省的经验和启示》，载《外国中小学教育》，2018年第3期。

第四章　学生评价标准与公正

　　公正[①]（justice）作为一个基本的伦理概念，既是道德伦理的基本范畴，也是一个政治学的基本范畴。公正不仅用于处理日常生活中人与人之间的关系，也用来处理政治关系中的集团与集团、国家与国家之间的关系。但从更根本上说，正如罗尔斯所言，正义是针对社会基本结构而言的，正义只能在社会生活中找到它的位置。在他看来，正义是社会制度的首要价值，犹如真理之于思想体系一样。他认为，一种理论，无论它多么精致和简洁，只要它不真实，就必须加以拒绝或修正；同样，某些法律和制度，不管它们如何有效率和有条理，只要它们不正义，就必须加以改造或废除。[②] 社会制度不仅要维护、促进社会公正，而且它本身就应该以公正为其首要的价值诉求。相对于其他的美德或善，正义具有优先性、首要性。就本质而言，教育是一项道德实践活动，是一种"向善"的活动，公正可视作其重要的品性。学生评价本质上是一种对学生发展水平做出判断、对学生进行甄别与选拔的手段，缺失了公正，评价则失去了其价值与意义。

　　[①]　公正和正义是两个意思非常接近的词，甚至可以互用，在英语里，二者都是"justice"。虽然有人对二者之间的关系做了考究，认为公正与正义存在一定的差别，二者是一种属种关系，而不是种属关系，也不是交叉关系。正义的内涵比公正丰富，而公正的外延比正义大，是正义的一定公正，公正的未必正义，不公正的一定不正义，不正义的未必不公正。（冯颜利：《公正与正义》，载《道德与文明》，2002年第6期。）该论者的论述是有一定道理的，但在本文中，如不作特殊的说明，一般将二者在同等的意义上使用。

　　[②]　[美] 约翰·罗尔斯著，何怀宏等译：《正义论》，中国社会科学出版社1988年版，第3页。

在评价领域，评价标准是对评价目标的具体阐述，对整个评价活动起着方向引领的作用。同时，评价标准也是考量评价信度的一个重要指标，"评价的信度要求有已知的、一致的且始终如一的评分规则和标准"[①]。"已知的""一致的"和"始终如一的"评价标准是衡量一项评价是否有效且公平的标准。但有效且公平的标准必然是公正的吗？什么样的评价标准是公正的呢？

一、学生评价标准：何谓与何为

（一）何谓学生评价标准

要理解什么是学生评价标准，首先要理解什么是标准，什么是评价标准。

1. 标准

在《辞海》中，"标准"被定义为："衡量事物的准则。如取舍标准。引申为榜样；规范。"如杜甫在《赠郑十八贲》诗中云："示我百篇文，诗家一标准。"从词源学来看，古代汉语中"标"和"准"是两个独立的词汇。《说文解字》中将"标"解为"木杪末也"，即树木的末端。"准"的原意是一种测量的器具。《汉书·律历志》记载："权与物钧（均）而生衡，衡运生规，规圆生矩，矩方生绳，绳直生准，准正则平衡而钧权矣。""准者，所以揆平取正也。""准"具有使器物及其重量平均分配进而达到平衡的作用。后来又引申为测量和标准两种含义。

在西方，标准一词最早起源于古代法语 estandart，意为"在战争中军队用于激励士气的旗帜或用来作为集合地点标志的显眼事物"，旗帜一般固定在地面的某一个点，使其垂直竖立，标识阵地或指引方向。后经引申，标准逐渐被视为"通过权威、传统或普遍认同确立起来的模式或范例，它是作出决定或判断所需要的一种规则"[②]。标准所负载的"测量单位"含义来源于 13 世纪的盎格鲁法语，它有可能是一种习惯用法，即由于皇室掌管制定度量衡的

---

① 苏启敏著：《价值反思与学生评价》，北京师范大学出版社 2010 年版，第 33 页。
② 苏启敏著：《价值反思与学生评价》，北京师范大学出版社 2010 年版，第 21 页。

权力，因此度量衡这类标准通常代表着皇室的权威。也就是说，标准是由权威所制定或确立的规则，它用于测量数量、质量、重量、大小、价值。就本质而言，标准是一种公认的具有权威性的典范，是一种参照物，是同一类事物的参照对象，如标准件。标准不仅告诉人们应该做什么，也告诉人们事情做得如何（即什么是好坏优劣）。

2. 评价标准

一般认为，评价是基于事实基础上的价值判断。评价者对评价对象进行的价值判断必须依据一定的标准，这便是评价标准。"评价标准是根据评价活动的现实需要而制定的，用于衡量事物价值的具体化、情境化的规则。"[①] 评价标准在评价活动中居于核心地位，引导着整个评价活动。评价标准为评价者提供了评价基准，即使是同一评价对象，如果评价标准不同，评价结论可能也不同。而如果评价标准相同，不同的评价者所得出的评价结论便大体相同。

如前所述，标准不仅告诉人们应该做什么，也告诉人们事情做得如何（即什么是好坏优劣）。因此，评价标准的内涵也可以从两个维度上进行考察：第一个维度是应该评价什么，即构成标准的内容，又称为指标，是评价对象和内容质的规定；第二个维度是做得如何，即考察构成标准中各指标所占的权重，是评价对象和内容量的规定。简言之，评价标准不仅告诉评价者评价什么，也要告诉评价者评价对象做得如何。

3. 学生评价标准

学生评价是教育评价领域的重要组成部分，是以学生为评价对象的教育评价。从相关界定来看，学生评价的内涵包括评价目的、评价标准、评价内容、评价功能等要素。其中，学生评价标准可以看作是一个固定的参照点，是判定学生发展变化的依据，包括对学生发展哪些方面进行评价（质的规定），以及发展变化的程度（量的规定）。如，中国古代最早的教育专著《学记》中就提到过最早的关于学生评价标准的记述："比年入学，中年考校。一

---

① 苏启敏著：《价值反思与学生评价》，北京师范大学出版社2010年版，第23页。

年视离经辨志,三年视敬业乐群,五年视博习亲师,七年视论学取友,谓之小成。九年知类通达,强立而不反,谓之大成。"① 其中就既有质的规定,也有量的规定。

学生评价标准依据不同的评价内容和发挥的功能等又可分为不同的类型。学生评价标准从功能和方式的角度来看,可以分为学业评价标准和综合素质评价标准;从标准的制定主体来看,可分为国际标准、国内标准、地方标准和学校标准;从评价的目的来看,可以分为合格标准和优秀标准,合格标准又称为底线标准,是所有评价对象都需达到的基本要求,优秀标准是对优秀者的评价,往往用于选拔考试,具有淘汰性质;从标准的软硬程度来看,标准还可以分为绝对标准(absolute standards)和相对标准(relative standards),前者又可称为"硬标准",是必须要达到的水平,后者又可称为"软标准",标准的制定与参照组的成绩有关,主要以数据资料为基础。Wiggins认为教育标准大致可以分为三类:内容标准(学生应该知道什么、能做什么)、表现标准(学生的功课必须完成得怎么样)和任务(作业—设计)标准(什么是有价值、严谨的作业,学生应该能完成哪些任务)②,这三类标准是基于学生的描述,因此可以视作学生评价标准。苏启敏认为不同类型学生评价标准的制定归根结底是要解决以下三个基本问题,即"用什么来评价学生的学习成就""评价学生哪些方面的学习成就"和"如何评价学生的学习成就水平"。而对这些问题的回答,则构成了三种最基本的学生评价标准类型,即内容标准、表现标准和成就标准。苏启敏提出的学生评价标准与 Wiggins 提出的三类标准,前两者相同,不同的是第三类标准。苏启敏认为成就标准主要用来表示接受评价者的发展和变化达到什么程度才是合乎要求的。③

(二)学生评价标准的价值

学生评价为什么要设置标准?评价标准在学生评价中居于何种地位呢?

---

① 高时良:《〈学记〉研究》,人民教育出版社 2006 年版,第 81 页。
② Grant Wiggins 著,国家基础教育课程改革"促进教师发展与学生成长的评价研究"项目组译:《教育性评价》,中国轻工业出版社 2005 年版,第 93 页。
③ 苏启敏著:《价值反思与学生评价》,北京师范大学出版社 2010 年版,第 33 页。

从现实来看，评价标准在评价活动中在某种程度上可以说居于核心地位，它是评价目标的具体化，在整个评价活动中起着引领作用，在学生评价中是不可或缺的。价值是客体对主体需求的满足，也即客体的效用。具体而言，学生评价标准在评价中具有以下价值。

一是引领学生发展方向。不可否认，学校教育的目的在于培养人。只不过，不同时代不同国家对"人"的界定不同。如我国新中国成立以来，所培养的"人"经历了"劳动者""建设者与接班人""公民"等表述。随着学校教育目的的不断发展变化，学生评价标准也相应地不断发生变化，其内容标准渗透着时代对人的培养提出的新要求，从最初关注学生的"两基"（基本知识和基本能力）到关注学生综合素养的培育到现在的核心素养培育，从仅关注共性逐渐兼顾共性与个性发展，等等。学校教育目的是学生发展的总领，学生评价标准是学校教育目标具体体现，学生可以依据标准来评价自己的学习状况，教师可以依据标准来改进教学，评价标准从而对学校教育教学活动起到了引领作用。

二是保障评价结果的客观公正。相比于主观测试，评价标准能使评价更为客观，因为评价的信度要求评价要有已知的、一致的评分规则和标准，评价标准可以看作是考量评价信度的一个重要指标。评价标准为评价者提供了评价基准。在评价实践中，由于每个人的知识、经验等不同，即使是同一评价主体，如果评价标准不同，评价结论可能也不同。相反，如果评价标准相同，不同的评价者所得出的评价结论便大体相同。评价虽然基于事实，是客观的，但价值的多元化难免会使评价带有一定的主观性，出现一定的价值偏好，因此，评价标准可以在某种程度上减少评价过程中的主观性和随意性，对评价结果的客观公正起到了保障作用。那么，纯粹的利他主义是否毋须用正义来约束？答案是否定的。在现有社会中，一个利他主义者可能会处于如下困境："一旦爱的不同对象所要求的东西相互冲突，爱就会陷入困窘……一旦所爱的不同的人相互对立，仁爱就会茫然不知所措。"更为重要的是，在一个充满不义和痛苦的社会里，一个利他主义者完全可能因为自己的利他主义目标备受挫折而变得偏激和狂热，最终迫于无奈而不择手段，从而导致目的和手段的悖论。鉴于这种可能性,利他主义必须在手段上接受正义的约束,不论他们的目的如何崇高。①

三是对教育教学效果的检验。评价的目的在于对评价对象长处、劣势和价值等方面作出判断,并在此基础上提供反馈。任何一项理性行为都需要考虑其投入产出,不能只管付出不问回报。标准即"要求、优质或成就的某种程度或水平",代表了一种"基准线",是对教育教学发展程度和质量高低的规定,比如所有儿童所需获得的最低要求的知识。评价标准具有等级之分,如最低标准(底线)和最高标准(高标),具有一种强制性,要求同类群体所要达到的相同发展水平。

二、如何照顾差异:对学生评价标准公正性的诘问

学生评价为什么要制定评价标准?一方面是对学生评价进行质和量的规定;另一方面评价标准还是学生评价公正性与客观性的重要保障。现实中,个体的需求是多元的,如果没有统一的标准,即使对同一的评价对象也可能得出不同的评价结论,呈现出"公说公有理,婆说婆有理"的局面,对评价的客观性和公正性会产生不良影响。正是有了评价标准,不同的评价者参照评价标准进行评价,才会有评价结果的一致性和可信性。可以说,学生评价标准是保证学生评价结果公正性的重要前提,可将公正看作是学生评价的首要价值,只有公正的评价才是可信的评价。然而,什么样的评价标准是公正的呢?学生作为一个个具体的人,存在千差万别的差异,学生评价标准该如何应对这些差异呢?

(一)学生的差异性

法国教育家保尔·朗格朗曾指出:"教育的真正对象是全面的人,是处在各种环境中的人,是担负着各种责任的人,简言之,是具体的人。"② 我国学

---

① 慈继伟著:《正义的两面》,生活·读书·新知三联书店 2014 年版,第 55 页。
② [法]保尔·朗格朗著,周南照、陈树清译:《终身教育引论》,中国对外翻译出版公司 1985 年版,第 87 页。

者叶澜教授进一步做了阐发,认为具体个人是既有唯一性、独特性,又在其中体现着人之普遍性、共通性的个人,是个性与群性具体统一的个人。① 在现实中,学校里的学生不是一个个"抽象的人",可以整齐划一地接受同样的教育,产生同样的效果,他们之间千差万别,存在着性别差异、年龄差异、家庭差异等所导致的性格差异、兴趣差异、能力差异和认知差异,作为群体的学生还具有地区差异、民族差异和文化差异等,因此,个别差异不只是程度上的,更是性质与结构上的。如卢梭所说:"每一个人生来就有不同于他人的禀赋。……我们不加区别地使天赋不同的孩子投入同样的训练;他们受的教育毁了特有的天资,剩下的只是乏味的一律性。因此,我们把力气浪费在阻扰自然天赋之后,看着取而代之的既短暂又虚幻的才华消逝,我们捣毁了的天生才能却不会恢复生机。"②

学生的差别是现实存在的,无论是作为个体的学生还是群体的学生,差异都是显然存在的。加涅等人认为,学习结果分为五类,即智慧技能(intellectual skills)、认知策略(cognitive strategies)、言语信息(verbal information)、动作技能(motor skills)、态度(attitudes)。多元智能理论的代表加德纳则认为,每个人都具有9种智能,即言语—语言智力、逻辑—数理智力、音乐—节奏智力、视觉—空间智力、身体—运动智力、自知—自我反省智力、交流—人际交往智力、观察—辨别智力、存在智力等,这9种智力在每个人身上以不同方式、不同程度的组合使得每个人的智力各具特点,加德纳认为对每一种智力的评价都需通过不同的方式以不同的形式来进行评价。因而学生评价的内容应该是全面的、综合的,而不是单一的、片面的。不同的学生所具有的智能优势不同,科学合理的学生评价需要全面综合评价学生,而不仅限于学业成绩,否则对个性发展千差万别的学生来说也是有失公平的。

而在群体差异方面,学生之间存在地区、性别、文化等方面的差异。以

---

① 叶澜:《教育创新呼唤"具体个人"意识》,载《中国社会科学》,2003年第1期。
② [美]约翰·杜威著,薛绚译:《民主与教育》,译林出版社2014年版,第105页。

性别差异为例。有人感叹在学校教育中,男孩已经掉队了。[①] 调查显示,我国高校中近 2/3 的国家奖学金获得者为女生,大学男生的学业成绩远远落后于女生;近 10 年来,全国高考状元中男生的比例已由 66.2% 下降至 39.7%,男孩学业正全面败退。国家奖学金"阴盛阳衰",男生学习佼佼者比例呈自由落体式下降,初中和小学的男孩更是早就掉队了。学业落后,从中小学向大学蔓延,男生在各级各类教育中的学习成绩正在渐渐落后于女生。不难得出结论:男孩危机是全线性的危机,从中小学到大学,男孩危机日趋严重。男生学业落后乃至失败对个体和社会都将产生重大影响。男孩问题并不仅仅限于学业,男孩在体质、心理及社会适应的各个方面都面临更多的"麻烦"。[②] 为什么男生会失败?原因有很多,但其中最大的问题某种程度上在于现行教育体制在课程设计、教学方式等方面没有顾及到性别差异。比如,为什么男孩的身心发展比女孩晚,却要求他们的上学年龄必须一样?"男孩甚至连手指神经都比女孩发育得晚,因此让男孩握住铅笔并写出漂亮的连体字更加困难。这些发育上的差异往往使男孩被视作笨或迟钝,这使他们从一年级开始就讨厌学校。此外,很多学校并没有设法适应男孩的学习方式,而是迫使他们采用不合乎其本性的方式。目前普遍采用的'端坐听讲'的模式对男孩女孩来说都不是最适合的,但女孩往往比男孩更能忍受它。"[③] 以记忆性知识为主的测试同样对女生有利,男孩在还没进入学习状态时就被淘汰了。

差异是一种客观事实,其并不意味着好坏高低贵贱,而是世界多样性的一种表现,正是千差万别的差异构成了社会的多元发展。不是要试图去填平人与人之间的差异,而是要"顺势而为",帮助每个人都能各有所长地发展。同时,人与人之间,不论差异有多大,作为道德行为者,他们都具有"同等

---

① 《男生为什么会掉队?》,http://women.sohu.com/2003/11/21/08/article215870810.shtml。

② 《拯救男孩》,http://wenku.baidu.com/link?url=Zy4TKjpt1k72Hxx3W2UsFVfbYtC029e6sQZfUAXykVXPBFAunmDzLC3nDE_xdIVimptiK9bCIGWvBWPgrRwCOVT703cQFWC8bJV2s1WE1E_。

③ 《男生为什么会掉队?》,http://women.sohu.com/2003/11/21/08/article215870810.shtml。

的价值"。这既不意味着我们仅从能力上看每个人都具有平等的能力，也不是说在对待不同的人时，人与人之间就没有差异了。作为人，每个人都有同等的价值。

（二）评价标准的两难

近年来，越来越多的研究提出基于标准的学业成绩评价，此处的标准为课程标准，其包含内容标准（学术标准，content standards）、表现标准（performance standards）和学习机会标准（opportunity and learning standards），这是20世纪90年代以来占主导地位的一种看法或分类。内容标准规定了在具体的学科领域内学生应该知道什么和能做什么。采用内容标准的目的是为了提高成就水平和保证机会公平，其目标是为教育工作者在课程教学和评价中应该重点关注什么提供指南。表现标准是学生的学习活动及其表现和结果。所谓学习机会标准，是对课程与教学中影响学生的学习机会的有关条件或安排所做的规定或陈述，或者说，"是旨在保障每一个学生'学习权'而制定的教学规范、关系规范、（课程资源）分配规范"[①]。正是有了评价标准，不同的个体或群体之间才有了比较的可能。

但是，随着现代社会对教育所应培养的"人"的认识发生变化，由培养"社会人"逐渐转变为"全面而个性"发展的人，人们对评价标准的统一性和强制性提出了诘问，认为评价标准强求一致，没有顾及学生因天赋、家庭出身、社会经济地位等所造成的差异，其后果是导致"千人一面"，不利于学生的个性发展，对部分学生（特别是处境不利的学生）而言也是不公正的。

以高考为例。我国现行的高考制度（即"全国普通高校本、专科招生统一考试制度"的简称）初建于1952年。高考是一种由国家举办的竞争性选拔考试，采用公开考试、择优录取的方式，以考试成绩作为取舍的依据，即所谓的"在分数面前人人平等"，被视作目前为止最为公平的选拔录用制度。最初的高考采用的是全国统考，考试各环节均统一操作。统一高考可看作是一

[①] 汪贤泽著：《基于课程标准的学业成就评价的比较研究》，教育科学出版社2010年版，第94页。

种最为经济（即效率最高）、有效的选才制度，且相对于推荐等其他方式，显然更为公平。"统一高考正是从制度上排除了考试之外的人为因素的干扰，有效保证了考试的公平与健康发展，使全体国民享有平等接受高等教育和追求社会地位的机会。"①

然而，众所周知，我国国土辽阔，省与省之间发展不均衡，教育发展存在一定的差距。如果用同样的标准去衡量不同地区的学生，是否公平呢？万俊人认为："功利目的（效率）与正义秩序是每一个社会在其基本价值决策中所必须参量的两个基本尺度。"② 那么，如何在效率与公平之间找到平衡呢？在统一高考中，考试公平与区域公平的问题一直备受关注。我国长期处于城乡二元结构之下，城乡差异是明显存在的，那么考试内容是否兼顾了城乡差异呢？评价既然是一种价值判断，就难以做到完全客观中立，而是评价者依据某种价值观对评价对象的好坏优劣、真善美丑等进行判断。评价者所依据的价值观体现在其所依据的评价标准中，所以评价标准总是具有某种价值取向。

事实上，我国高考内容多体现出忽视城乡差别的"城市中心"价值取向。2009年，辽宁卷的作文题是：针对明星代言的五种不同观点，进行写作。江苏卷的作文题是：请以"品味时尚"为题写一篇文章。安徽卷的作文题是：提供了一段来自赛车运动的材料"弯道超越"，让考生写一篇思考或感悟文章。江西卷的作文题是：以"兽首拍卖"为话题写一篇议论文。有人对这些高考作文题的公平性提出质疑，认为这些题目程度不等地存在着城乡考生之间由于知识背景的差异导致虽然同题但不能同样发挥的问题。比如辽宁卷的题目，势必涉及明星、广告、代言、经纪人等关键词，离开这些关键词，或者对这些关键词背后的相关知识了解、理解不足，是很难写好文章的。可以肯定，对于这些关键词及其背后的相关知识，来自城市的考生普遍比来自乡村的考生要熟悉得多。写起作文来，来自城市的考生必然比来自乡村的考生

---

① 刘海峰等著：《高校招生考试制度改革研究》，经济科学出版社2009年版，第111页。

② 万俊人著：《寻求普世伦理》，商务印书馆2001年版，第367页。

要驾轻就熟,得心应手。再如,"兽首拍卖",曾经是网络上人们热烈议论的话题。一段时间之内,打开任何一家网站,都会看到很多以"兽首拍卖"为话题所写的议论文,嬉笑怒骂,其中不乏高论、佳作。以目前我国城乡的现状而言,在上网条件方面,城市高中生应该是普遍优越于农村高中生的。城乡、地区、校际、性别等差异都是客观存在的,是每个学生无法更改的起点,并非他们依靠自身的能力和努力所能改变的。罗尔斯认为,每个人只应该因自己能够负责的自由的选择和努力获得权利,而绝不应该因自己无法负责的因素——家庭、天资、运气等等——获得权利。所以,家庭、天资、运气等自己无法负责的因素所提供的机会不平等是不应得的、不应该的、不公平的。如此一来,用同一标准来录取学生貌似公平,但对一些处于不利处境(如边远落后地区、少数民族地区)的学生来说却是不公正的。

为了最大程度地兼顾效率与公平,我国继上海(1987年)、北京(2002年)实行自主命题之后,于2004年开始实施较大规模的高考分省命题。至2006年高考,全国共有16个省市试行自主命题。然而,分省命题同样出现了一些问题,如"异地高考"的问题。在城市化推进过程中,大量外来务工人员进入城市,其子女随父母进入城市读书,由于各省教材不同、考试不同,而现行的高考制度又规定考生必须在考生户籍所在地参加高考,导致随迁子女教育面临着诸多问题,同样有违社会公正,也不利于人才的合理流动。

在现实中,无论是全国统一高考,还是分省高考,程序上的公正似乎都难以保证结果的公正,公正由此陷入了一种两难困境。一方面提倡教育不能压抑学生的个性,另一方面以考试为主的评价公正性又似乎不得不压抑学生的个性。如,语文教育的目的是传授语文的实用技能,而不是培养文学家,写作业不是文学创作,相对应地,作文考试不应该允许文学创作。因为对文学作品的评价是仁者见仁、智者见智的,并没有一个明确的标准,这必然会使评卷者难以把握,增加评卷的不确定性,这对考生是不公平的。

在评价中,评价标准的两难往往源于评价标准本身像一把"双刃剑"。一方面,标准作为一种导向和价值引领,其存在无疑是不可或缺的,对学校课程设置、教师教学等以及评价者的评价行为具有重要规范与引导作用。另一方面，标准作为一把"尺子"，在衡量对象时难以兼顾到现实中千差万别的个体差异。而且很多时候，评价标准被看作具有普适性，是一成不变的，无视情境的变化和评价对象的差异，没有及时予以调整，导致人的培养刻板、僵化，标准沦为希腊神话中普洛克路斯忒斯（Procrustean）之床，学生被塑造成一个个"标准件"。标准也因此被一些人认为是导致学校教育难以实施"因材施教"的"罪魁祸首"之一而受到批判。但如果仅看到标准的一面，并以此来评判标准的有无价值或价值大小，其做法本身缺乏公允，结果是难以服众的。

评价标准的两难很大程度上还可归结于如何处理统一性与多样性之间存在的矛盾。但是应该看到，学生的差别是现实存在的，完全统一的标准有时候也会有失公平。标准要求统一性，正是人与人之间现实存在的差异构成了社会发展的多样性，统一性与多样性二者是并存的。"没有多样性的统一性导致的是文化独裁主义和霸权主义，缺乏统一性的多样性则会导致文化的割据和民族国家的分裂。在民主多元文化国家，多样性和统一性共存于完美的平衡之中。"[①] 问题的关键在于如何达到二者之间的这种完美平衡。应该正视的是儿童在学习上存在着差异，评价不是为了消除差异，而是如何解释差异。著名的要素主义者巴格利认为考试和测量本身并没有什么问题，而对考试和测量的宿命论解释（认为智力测验、测量的结果不是教育程度的差别，而是先天的智力差别）才是问题的所在。[②] 教育中的每个受教育者都是一个未知量，他们的发展是不可限定的。任何社会成员的发展，对于他们生存于其中的社会都是有价值的，[③] 不能为了所谓的效率与便捷而强求统一的标准。

---

① ［美］James A. Banks 著，荀渊等译：《文化多样性与教育》，华东师范大学出版社 2010 年版，第 22 页。
② ［日］田中耕治著，高峡、田辉、项纯译：《教育评价》，北京师范大学出版社 2011 年版，第 22 页。
③ 金生鈜：《精英主义教育体制与重点学校》，载《教育研究与实验》，2000 年第 4 期。

（三）在多元正义中寻找平衡

自古以来，"公正"都是一个非常重要的概念，亚里士多德认为："公正（在各种德性中）是最主要的，它比星辰更加令人惊奇，正如谚语所说'公正是一切德性的总汇'。"① 为什么需要正义？这是因为人们所赖以生存的资源是有限的，休谟认为，如果"大自然已经赋予了人类极为丰赡的外部便利条件……在这种情形下，正义是完全没有用的，它将是一种多余的摆设，而且在美德的栏目中不会有它的名字"②。在当代社会，公正对于维护与促进社会的安定与和谐起着至关重要的作用，无论对于个体还是社会，公正俨然成了最基本的价值吁求。正如当代政治哲学家罗尔斯所言："正义是社会制度的首要价值，正像真理是思想体系的首要价值一样。一种理论，无论它多么精致和简洁，只要它不真实，就必须加以拒绝或修正；同样，某些法律和制度，不管它们如何有效率和有条理，只要它们不正义，就必须加以改造或废除。"③

何谓公正？从理论表述来看，公正的歧义颇多，不同的哲学家或哲学流派所持的"公正"观并不一致，正如亚里士多德所言："公正的事物有多重含义，不公正事情以及不公正自身都有多重含义。"④ 在柏拉图看来，公正就是社会中各个等级的人各司其职，各守其序，各得其所。亚里士多德认为公正是守法和均等。对于怎样才算平等呢？他指出："所谓平等有两类：一类为其数相等，另一类为比值相等。'数量相等'的意义是你所得的相同事物在数目和容量上与他人所得者相等；'比值相等'的意义是根据各人的真价值，按比例分配与之相衡称的事物。"⑤ 他认为公正就是比例，不公正就是违反了比例。

---

① ［古希腊］亚里士多德著，苗力田译：《尼各马可伦理学》，中国人民大学出版社2003年版，第94页。

② 张秀：《多元正义与价值认同》，上海人民出版社2012年版，第58页。

③ ［美］约翰·罗尔斯著，何怀宏等译：《正义论》，中国社会科学出版社1988年版，第3页。

④ ［古希腊］亚里士多德著，苗力田译：《尼各马可伦理学》，中国人民大学出版社2003年版，第93页。

⑤ ［古希腊］亚里士多德著，吴寿彭译：《政治学》，商务印书馆1965年版，第148页。

此后，休谟、穆勒、霍布豪斯、罗尔斯、诺奇克、桑德尔等人均提出了各自的正义观。正义到底是一元论还是多元论的呢？显然，在全球化与文化多元时代，追求一种具有普世价值的正义理论已经很难了，正义只能是多元的。下面简单地列举几种正义观。

1. 分配正义、持有正义与承认正义

分配正义是最为古老的一种正义观，其可追溯到古希腊。亚里士多德最早提到分配正义，他将正义分为分配正义（distribute justice）、校正正义（compensatory justice）和回报正义。分配正义涉及财富、荣誉、权利等有价值的东西的分配，在该领域，对不同的人给予不同对待，对相同的人给予相同对待，即为正义。在亚里士多德看来，分配正义，即给每个人以其应得，而应得的观念则源于个体所具有的优秀品质或在实践中表现出的优秀行为，"所有的人都同意应按照各自的所值（according to merit）分配才是公正的"。merit 被翻译成"德性"。因此，古典分配主义可以看作是一种"德性论"的分配正义。现代意义上的分配正义重新诠释了应得，认为某个人应得某物不是因为他的美德，而仅仅只是因为他是人，基于人的权利而应得。

分配正义本质上是关于各种善物或利益的分配，是指以经济为主体的善品在社会成员之间的合理配置。所谓的善品包括财产、工作、教育、医疗、社会福利、荣誉奖金、政治权利等，主要用于调节不同的群体和阶层在资源占有之间的矛盾和利益冲突。休谟认为，正义的应用范畴是财物，而正义的作用是妥善"分配物品"，并建立适当的规范以限制财物占有欲。因此，正义即分配正义。事实上，正义在很长一段时期的确等同于分配正义。

在当代，谈及公正或正义无法绕过美国学者约翰·罗尔斯。罗尔斯的扛鼎之作《正义论》开启了正义研究的新局面。罗尔斯的正义理论是在批判功利主义中发展起来的，就本质而言，他的正义观是一种分配正义。他认为正义的最基本问题是如何分配有限的物质资源，指出："所有的社会基本好处——自由和机会、收入和财富及自尊的基础——都应被平等地分配，除非对一些或所有社会基本好处的不平等分配对最不利者有所助益。"① 即"最少受惠者的最大利益"原则。罗尔斯设想了一种原初状态，原初状态要保证在其中达成的契约是公平的，这借助于"无知之幕"来实现，即人们对自身在社会中的地位、优势是无知的，基于最大最小化原则（最大利益最小风险）进行选择。"无知之幕同原初状态中的其他条件一起，消除了人们在讨价还价地位方面的差别，从而在这方面以及其他方面，当事人的处境是相同的。通过将当事人置于相同的处境，原初状态表达了对形式平等的基本准则或西季维克（Henry Sidgwick）的平等原则的重视：这些在所有相关方面相同的人应该得到相同的对待。随着这个准则的要求被满足了，原初状态就是公平的。"② 罗尔斯由此提出了分配原则以确保程序和背景正义。在他看来，个人的自由与权利必须得到优先考虑，他认为"每个人都拥有一种基于正义的不可侵犯性，这种不可侵犯性即使以社会整体利益之名也不能逾越"③。

同为自由主义阵营的罗伯特·诺齐克从"权利"概念出发提出了"持有正义"，他认为，一个人的持有是否正义，一种财产分配是否正义，就要看他（它）是否对其拥有权利或资格。他认为："人们过去的环境或行为能创造对事物的不同权利或应得资格。"④ 诺齐克认为持有正义理论主要由三个论题组成：(1) 持有的最初获得或对无主物的获取；(2) 持有从一个人到另一个人的转让；(3) 对最初获取和持有中的非正义的矫正。从这三个论题出发，诺齐克提出了持有正义的三个原则：(1) 获取的正义原则，个体财富和利益的获得只要是通过"合法"手段实现的，这种持有是正义的；(2) 转让的正义原则，诺齐克认为如果个体将自己的持有物转给他人，或从他人那里获得一

---

① ［美］约翰·罗尔斯著，何怀宏、何包钢、廖申白译：《正义论》，中国社会科学出版社1988年版，第232页。
② ［美］约翰·罗尔斯著，姚大志译：《作为公平的正义——正义新论》，上海三联书店2002年版，第142页。
③ ［美］约翰·罗尔斯著，何怀宏、何包钢、廖申白译：《正义论》，中国社会科学出版社1988年版，第1页。
④ ［美］罗伯特·诺齐克著，何怀宏等译：《无政府、国家和乌托邦》，中国社会科学出版社1991年版，第161页。

种持有物是自愿进行的，这种持有也是正义的；（3）矫正正义原则，该正义原则是用来改变历史中特别是现实中经济利益的非正当性获得。诺齐克主张，个人权利应当被构思成"次约束性条件"，针对社会行为向个人提供道德上的保护："不可以在没有征得他们事先同意的情况下，为了实现其他的目标而牺牲或利用他们……次约束性条件表明他人的不可践踏性。"诺齐克进一步排斥基于一些平等主义的"最终状态原则"的再分配做法，因为这会践踏个人的权利并且随之破坏个人的独立性。[①]

对于分配正义和持有正义的分野，可以高考录取分数线为例，当前我国不同地区的高校录取分数线并不一样，不同高校在不同省份的录取人数也有差异。从各省学生就读部属高校的入学机会指数（平均数为1）看，近年来不同省（自治区、直辖市）差距悬殊的状况依然存在，而且入学机会指数的基尼系数（标准差除以平均数的值）有逐年递增的趋势，入学机会指数的基尼系数也从2001年的0.226提高到2010年的0.298。[②] 按照分配正义的观点，"倾斜的高考分数线"显然是不公正的，应该"分数线面前人人平等"，同时给予处境不利者补偿，但按照诺齐克的持有正义，考生的出生地是考生无法改变的，他们享受由此带来的优势是公正的。到底孰是孰非很难判断，需要将其综合考量。

上世纪90年代以来，法兰克福学派第三代领军人物霍耐特、南希·弗雷泽认为资源的不平等占有并没有构成不公正的全部内容，他们不再从消除经济和社会的不平等出发来解释和建构社会正义，而是认为如何减少"蔑视"和"不尊重"应该成为社会正义探究的中心。以承认理论为基础的多元正义论为考察当代社会正义理论提供了一个新的视角。分配正义关注对善品的分配，善品限于可分配的实务，对于不可分配之物（如尊严）却未涉及。经济平等并不必然意味着身份平等，仅仅通过一种经济上的再分配达到的相对平等，是不可能纠正身份上的不平等的，从而也就不能达到社会的正义。弗雷

[①] ［美］亚历克斯·卡利尼克斯著，徐朝友译：《平等》，江苏人民出版社2003年版，第52页。

[②] 刘海峰著：《高考改革论》，浙江教育出版社2013年版，第136页。

泽提出应当区别开两类公正,一种与再分配相关,另一种与认同相关。第一种是关于"社会-经济之不平等、根源于社会的政治-经济结构",因此导致了诸如剥削、经济地位边缘化以及经济上被剥夺等现象。第二种不公正是文化上的,或者说是象征意义上的。它根源于表现模式、阐释模式以及交际模式。其实例包括文化支配(屈从于与另一种文化相关并且与自己的文化相抵触或相敌视的阐释及交际模式)、不认同(由于自己文化的可信的表现、交际及阐释的习惯做法的介入而变得视而不见)以及轻蔑(在陈规陋习的大众文化表现以及/或者日常生活交际中被习以为常地诋毁或轻视)。"经济不公正与文化不公正,非但远远没有分裂成两个截然不同的领域,而且通常相互重叠而合乎逻辑地相互强化。"① 因此,分配正义与承认正义应该是紧密结合在一起的。

承认正义也可以看作是以主体为中心的正义观。出发点是主体(subject)的平等尊严。首先考虑人的价值和尊严,其次才考虑个人对资源的贡献和社会对资源的分配。对持主体中心正义观的论者来说,如何衡量人的贡献取决于如何维持人的尊严,而不是反过来根据人的贡献来决定如何维持人的尊严。从主体中心正义观出发,个人之间的根本道德平等是正义的首要范畴,而分配公正则是正义的次要范畴。正义的首要任务是保障人的平等尊严。如哈贝马斯的正义客观条件论始终强调人的身份认同(identity)和尊严的重要性。② 从这点来说,在教育领域,教育公正不仅是指公正地分配教育资源,还要避免羞辱或蔑视所带来的不公正体验,如通过测试成绩将学生分成"好生或差生",甚至淘汰学生,由此给"差生"带来的人格羞辱和精神损害。

从众多的争议与主张来看,很难用对与错来评判各种正义观。正义观本身就是一种人为建构与解释的东西,从未出现也不可能出现一种普遍适用的正义观。正如持多元正义观的沃尔泽认为:"正义原则本身在形式上就是多元的,社会不同善应当基于不同的理由、依据不同的程序、通过不同的机构来分配;并且,所有这些不同都来自对社会诸善本身的不同理解——历史和文

---

① [美]亚历克斯·卡利尼克斯著,徐朝友译:《平等》,江苏人民出版社 2003 年版,第 99 页。

② 慈继伟著:《正义的两面》,生活·读书·新知三联书店 2014 年版,第 57 页。

化特殊主义的必然产物。"① 在现实中,"正义问题"一定程度上反映了普遍化原则和交往原则,如哈贝马斯认为,在对正当的规范取得某种共识之前,人们必须首先信服按这种将要取得的共识定义正义概念,先保证规范命题的准确无误,再要求人们去践行这些规范命题,这是一种在现今被广泛认可的思路。② 在多元价值世界寻求一种平衡的正义可能是一种明智之举。

2. 程序公正与实质公正

正义分为程序性的正义和实质性的正义。前者指的是形式的正义,即产生结果的方式和支配人们行为及相互作用的规则的公正性。后者指的是真实的(或内容的)正义,即它关注结果本身(要求结果相同或相等)。为什么要提及程序公正和实质公正?因为从评价标准来看,其本身是对评价程序的规范,是确保评价结果公正的前提。一般认为,程序公正是结果公正的前提,没有程序公正很难有结果的公正。英国有句古老的箴言:"正义不仅要得到实现,而且要以人们能看得见的方式得到发现。"然而,从现实来看,评价标准保障了评价的程序公正,但并不必然带来结果公正,因为差异在某种程度上还没有得到认真对待。那么,何谓程序公正?为何程序的公正并不一定保证结果的公正呢?程序公正与结果公正之间是一种什么样的关系呢?

罗尔斯在其《正义论》中分析了程序公正和结果公正之间的关系,他提出三种形态的程序正义来予以说明,分别是纯粹的程序正义、完善的程序正义和不完善的程序正义。所谓纯粹的程序正义是指一切取决于程序要件的满足,不存在关于结果正当与否的任何标准,罗尔斯认为:"在纯粹程序正义中,不存在对正当结果的独立标准,而是存在一种正确的或公平的程序。这种程序若被人们恰当地遵守,其结果也会是正确的或公平的,无论它们可能会是一些什么样的结果。"③ 也就是说,只要程序是公正的,那么结果必然是

---

① [美]迈克尔·沃尔泽著,褚松燕译:《正义诸领域:为多元主义与平等一辩》,译林出版社2002年版,第4页。
② 张秀著:《多元正义与价值认同》,上海人民出版社2012年版,第36页。
③ [美]约翰·罗尔斯著,何怀宏、何包钢、廖申白译:《正义论》,中国社会科学出版社1988年版,第82页。

公正的。所谓完善的程序正义，是指在程序之外存在着决定结果是否合乎正义的某种标准，且同时也存在着使满足这个标准的结果得以实现的程序。完善的程序公正具有两个关键要素，即独立的结果公正标准和保证结果公正的程序。所谓不完善的程序正义，是指"虽然在程序之外存在着衡量什么是正义的客观标准，但是百分之百地使满足这个标准的结果得以实现的程序却不存在"[①]。也即在不完善的程序公正的场合，程序未必一定能导致正当的结果出现。在三种程序正义中，罗尔斯所主张的是纯粹的程序正义，但其前提是要有一个公正的社会制度体系，否则程序正义极容易被某些人以民主的名义破坏。

美国学者戴维·米勒认为程序正义，包括公平对待、资讯准确、过程公开及慎保尊严等，强调公众用于其所得利益的过程。结果正义包括应得、需要及平等。米勒指出，社会正义论的首要目的是评断资源分配的结果，其次是评断造成分配结果的程序或制度，他认为一个程序是："一条规则或一个机制，而个人或制度透过这规章或机制来分配利益或负担予其他人。"[②] 公正的考察既要考虑结果公正，也要考虑程序公正。米勒认为，程序正义与结果正义之间有几种存在方式：（1）程序正义意味着结果正义；（2）结果正义意味着程序正义；（3）不管程序被判定是否正义，我们都可以作出程序正义的评断；（4）不管结果被判定是否正义，我们都可以作出程序正义的评断。米勒认为，这四种关系并不具有排他性，要视正义环境及所要分配的东西而论。他提到，在某些极端的情况下，（1）及（2）是可以接受的。也就是说，程序公正与结果公正之间并非简单的一一对应的线性关系，要视具体的情况而定。

从公平的视角来看，教育公平分为起点公平、过程公平和结果公平。起点公平主要指教育机会均等。过程公平是指程序公正，而实质公正则是结果公平。人们对教育平等的追求是整体性的，是形式平等与实质平等的统一，

---

① [美] 约翰·罗尔斯著，何怀宏、何包钢、廖申白译：《正义论》，中国社会科学出版社1988年版，第2页。
② [英] 戴维·米勒著，应奇译：《社会正义原则》，江苏人民出版社2001年版，第156页。

涉及权利平等、机会平等、资源平等、条件平等甚至能力平等等诸多方面。无论从罗尔斯还是米勒来看，程序正义与结果正义并非总是一一对应的关系，评价要达到实质公正，首先应确保程序的公正性，如评价标准、评价程序、评价方法等的统一。但此外同样需要对结果公正制定出一个独立的标准。如果起点本身已不公平，再公正的程序也难以保证结果公平，因此，应在程序正义之外建立结果公正的标准，也即罗尔斯所说的"完善的程序正义"，综合考虑起点公平、过程公平和结果公平之间的因果关系。

三、什么样的学生评价标准是公正的？

从现实来看，评价标准虽然遭到了多方的质疑，但显然不能因标准的缺陷与不足而主张"去标准"。自古以来，公正的重要性都是不言而喻的，亚里士多德认为："公正（在各种德性中）是最主要的，它比星辰更加令人惊奇，正如谚语所说'公正是一切德性的总汇'。"[1] 评价标准要做到公正必须回应公众的问题，必然要在标准与差异之间保持必要的张力，既不能"一刀切"，又能尊重且促进个体个性而全面地发展。公正的学生评价标准需要符合以下三个原则。

（一）平等原则

平等是正义的第一个原则，也是公正的学生评价标准的首要原则。评价标准首先意味着对所有评价对象"一视同仁"，也就是特定范围内的所有被评价者是平等的，需要遵循同样的评价标准和相同的评价程序。"公平地对待每一位学生，不以偏好或偏见支配利益分配的程序，要求在分配责任与权力的规则时保持公平客观的立场。"[2]

事实上，"平等"并非一个可以简单定义的词，特别是公正意义上的平等。对于公正意义上的平等要进行具体的分析，即在什么意义上，平等对待

---

[1] ［古希腊］亚里士多德著，苗力田译：《尼各马可伦理学》，中国人民大学出版社2003年版，第94页。
[2] 倪烈宗：《基础教育学生评价的公平性探析》，载《教育探索》，2013年第5期。

是公正的,是否对所有人都一视同仁地对待便是公正的?平等是一个关系词,具有主体间性,单个的人无法说是平等或不平等的,它通过比较而产生。平等不是"平均主义",不是所有人都得到同等份额的利益。平等强调人生而具有的同等地位和权利,重视的是人们在社会政治、经济生活中基本权利和义务上的平等性;而平均主义要求个体在一切方面的同等性,本质上要求分配中的绝对平均。[1] 平均主义是一种极端的平等主义,其要求社会应当努力把所有的个人置于完全相同的物质环境中。正如功利主义(实用主义)代表杰里米·边沁的名言所反映的那样,"每个人只拿一份,没有人拿一份以上"。实用主义的精神实质是平等主义的,"把所有的人合而为一",注重人的整体性和共性,并不看重个人之间的差异。人类所固有的多样性意味着,在诸多这样一个"焦点变量"方面来平等地对待人类,可能会导致在许多其他方面的严重的不平等现象。[2] 每个人的能力不一样,发展目标也不一样,只要允许人们自由地去追求目标,个人发挥他们能力所导致的结果也会是互不相同的。平等不是为了使人的发展单一化,而是尊重人本来的多样性,并允许其自由发展。

平等可视情况分为不同的类型。萨托利将平等分为两类:一是完全平等(对所有的人一视同仁),即让所有的人都有相同的份额(权利或义务);二是比例平等(对同样的人一视同仁),即相同的人份额相同,因而不同的人份额不同。[3] 正如亚里士多德所认为的,平等对待平等者,不平等对待不平等者。Razik 等人将前者看作是水平的(horizontal)公正,即传统意义上的平等(equity),将后者看作是垂直的(vertical)公正。[4]

平等原则是公正的首要原则。"假设存在着一种自然天赋(native endowments)的分配,那些拥有同等天资和能力并具有使用这些天赋的同样意愿的

---

[1] 张秀著:《多元正义与价值认同》,上海人民出版社 2012 年版,第 232 页。

[2] [美] 亚历克斯·卡利尼克斯著,徐朝友译:《平等》,江苏人民出版社 2003 年版,第 63 页。

[3] 王海明著:《新伦理学》,商务印书馆 2001 年版,第 341 页。

[4] Taher A. Razik, Austin D. Swanson. 2001. *Foundamental Concepts of Educational Leadership*. Prentice-Hall, Inc. Upper Saddle River, New Jersey 07458. 418.

人们应该具有相同的成功前景，而无论他们的社会出身是什么，无论他们生来属于什么阶级，以及成年之前的发展程度如何。在社会的所有地方，对于那些拥有相似天赋和动机的人们，应该在修养和成就方面存在着同样的前景。"[1] 社会必须为所有人建立平等的受教育机会，而不管其家庭收入的多少。[2] 但因为现实的复杂性，仅靠平等原则并不能确保公正。学生评价标准便是如此，对所有评价对象的平等并不一定是公正的，如"分数面前人人平等"的公正性是值得质疑与反思的。在平等原则之外，公正还需要其他原则来予以修正和完善。学生评价既要坚持"分数面前人人平等"的底线公平，同时又要在评价方式、招生等方面追求更大程度的公平。

（二）差别原则

在很多学者看来，差别原则本身就蕴含于平等原则中，如霍布豪斯认为比例平等是"从人们的差别出发，把平等作为一种调节，即以个人在某方面之差别为依据而给予相应的差别待遇。这种平等，便不是绝对数量的平等，而是比例平等"[3]。这种比例平等实际上已经考虑到了个体之间的差别，依据差异给予不同的对待本身也是一种平等。完全平等原则和比例平等原则适用的对象是不一样的。完全平等是基本权利（又称为"人类权利""人权""自然权利"）的分配原则，所有人都是平等的；而比例平等则适用于非基本权利（人生存与发展的较高权利）的分配。因而，差别原则本质上是一条不平等的而又公正的分配原则，它允许在操作最小受惠人或处于劣势的人群的利益时，可以是不平等的。完全的平等既不现实，也未必公正，有些地方可以允许不平等，如英国教育大臣克劳斯兰（1965—1967年担任）认为，工作收入的不平等是可以为人接受的，这不光是因为优秀的天分值得报偿，而且还因为如果不是这样的话，某些工种、风险或沉重的责任就不会有人去承担。

---

[1] ［美］约翰·罗尔斯著，姚大志译：《作为公平的正义——正义新论》，上海三联书店2002年版，第71页。

[2] ［美］约翰·罗尔斯著，姚大志译：《作为公平的正义——正义新论》，上海三联书店2002年版，第72页。

[3] 王海明著：《新伦理学》，商务印书馆2001年版，第339—340页。

不平等现象只有给最无优势的人带来利益时，才可以说明是合理的。在诺齐克看来，康德视人为目的的原则，要求个人有权享有他们的天赋以及发挥他们天赋所带来的一切。

由此可见，差别原则牵涉到一种比机会平等更深层次的平等形式——至少是在机会平等被正常理解的意义上讲是这样。① 那么，什么情况下的差别是合法且被允许的？罗尔斯认为现存的不平等必须确实有效地有利于最不利者的利益。否则这种不平等是不被允许的。② 什么是最不利者？罗尔斯认为，最不利者是这些人，他们同其他公民共同享有基本的平等自由和公平的机会，但是拥有最少的收入和财富。③ 最不利者在基本权利方面与其他公民无异，不利在于收入和财富最少。对于差别原则如何应用，他举例说，如果说男人比妇女拥有更多的基本权利和更大的机会，那么这些不平等只有在这种情况下才能得到辩护，即它们是对妇女有利的并从它们的观点看是可接受的。④

学生评价对所有学生标准同一，程序和方法同一。但是应该看到，学生的差别是现实存在的，即使是同一个学生在不同的发展阶段也表现出不同的发展特点，完全同一的标准有时候也会有失公平。法国教育家保尔·朗格朗曾指出："教育的真正对象是全面的人，是处在各种环境中的人，是担负着各种责任的人，简言之，是具体的人"，"一个孩子并不仅仅是名册上的数字，一个好学生或坏学生，在算术上或语法上没有才能的学生，他首先是一个具有个性的人。"⑤ 的确，学生之间存在着由性别差异、年龄差异、家庭差异等所导致的性格差异、兴趣差异、能力差异和认知差异，个别差异不只是程度

---

① ［美］亚历克斯·卡利尼克斯著，徐朝友译：《平等》，江苏人民出版社 2003 年版，第 40、57 页。
② ［美］约翰·罗尔斯著，姚大志译：《作为公平的正义——正义新论》，上海三联书店 2002 年版，第 103 页。
③ ［美］约翰·罗尔斯著，姚大志译：《作为公平的正义——正义新论》，上海三联书店 2002 年版，第 104 页。
④ ［美］约翰·罗尔斯著，姚大志译：《作为公平的正义——正义新论》，上海三联书店 2002 年版，第 105 页。
⑤ ［法］保尔·朗格朗著，周南照、陈树清译：《终身教育引论》，中国对外翻译出版公司 1985 年版，第 71、88、87 页。

上的，更是性质与结构上的，如有的学生擅长数理逻辑，有的学生则擅长语言。企求平等地对待所有人是不可能的，事实上也违背了平等的原则。森认为，人类的多样性意味着在一个变量或一组变量方面平等地对待他们，就意味着在其他方面他们就受到了不同的对待。但是，却不能由此得出结论说，这种不同的对待就是不公正的。差异性配给的目的旨在达到平等的对待。①

学生评价应承认与尊重学生之间的差异，并在此基础上开展差异性评价，回应不同学生的发展需求，特别是在评价中可能处于不利地位的特殊群体，避免因家庭社会经济地位、性别等遭受不公正的对待。因为"期望达到一种事实上的平等，而这种平等实际上需要以一种不平等为前提，即对先天不利者和有利者使用并非同等的而是不同等的尺度，也就是说，为了事实上的平等，形式的平等要被打破，因为对事实上不同等的个人使用同等的尺度必然造成差距"②。

在现实中，学生之间的差异性要求评价者在使用评价标准时考虑差异，基于学生差异实现学生的不同发展。比如，不同年龄阶段的孩子身心发展的特点是不一样的，即使是同一年龄阶段的孩子发展也会出现有早有晚，对不同年龄的孩子进行评价就不能采用一刀切的方式，而需根据年龄特点进行有差别的个体化评价，如分层评价。小学低年级的学生的评价宜采用表现性评价，通过学生的表现来评价学生的认知发展、情感态度变化，而不宜采用纸笔测试。再如，对学生的评价要综合考虑学生的背景，而不能单纯地看分数，要对分数进行分析。不同的学生可能取得的分数一样，但其付出的努力可能很不一样，因此不能盲目地对不同学生的分数进行比较，更需要从学生的纵向发展角度来看，考虑个体的增值。

如何给予男生与女生体验教育成功与迁移的同等机会也是必须考虑的。如何在评价中尊重性别差异，Wiggs 在《有效的学生评价》中设计了一张性

---

① ［美］亚历克斯·卡利尼克斯著，徐朝友译：《平等》，江苏人民出版社2003年版，第98页。
② ［美］约翰·罗尔斯著，何怀宏、何包钢、廖申白译：《正义论》，中国社会科学出版社1988年版，第25页。

别平等活动检查表，① 如下所示：

- 评价活动是否考虑到了方法的差异？
- 男生与女生会有平等的表现机会？
- 男生是如何在类似评价中胜过女生的？
- 女生将如何从这个评价任务中获益？
- 男生又如何从这个评价任务中获益？
- 评价使用的是什么语言？
- 男生与女生如何利用资源和技术？
- 过去存在与评价任务相关的性别歧视吗？
- 任务中有因性别问题引起的恐惧或焦虑吗？
- 这种活动更加适合男生而非女生吗？
- 女生能用他们喜欢的学习方式来完成任务吗？男生呢？
- 活动能促进不同性别间的合作吗？
- 在任务中，女生和男生乐意相互交流吗？
- 两种性别的参与者都有机会作出有价值的贡献吗？
- 有反思不同性别参与度的机会吗？

建构主义评价的标准绝不可能是唯一的。建构主义指导下的评价标准，必须考虑到多方面的因素，包括自由的学习目标、知识和经验的建构、真实的情景、多种形态的协商等等。建构主义的评价观以多种的观点为标准。②

（三）补偿原则

补偿原则同样也是一条公正原则，是一种矫正的正义，目的在于恢复公平，纠正不公正行为，从而使失者复得，使损者获益，对历史的不公正及其后果作出补救。出身和天资的不平等是不应得的，对于这些不平等就应该以某种方式予以补偿。为了真正达到机会平等，社会就必须更多关注那些天资较低和出身的社会地位较差的人们。罗尔斯认为公正的社会应该是"让最少

---

① ［美］韦伯著，陶志琼译：《有效的学生评价》，中国轻工业出版社 2016 年版，第 140 页。
② 赵莎莎：《差异性学生评价探究》，河南师范大学硕士学位论文，2011 年。

受惠者的利益最大化",要按照平等的导向纠正那些偶然因素所造成的偏差。

什么样的损害是需要补偿的呢？德沃金区分了两种运气——"选择性运气","是一种关于精心策划、精打细算的赌博结果如何的问题",以及"盲目性运气","是一种不是赌博意义上的风险结果如何的问题"。盲目运气的受害者，不为相应的不测负责。出身贫穷就是盲目运气的一个相关的例子。一个人要为他的趣味和抱负负责，但不为他的体力和智力负责。他的体力和智力，像他出身在其中的社会—经济地位一样，是盲目运气的问题。① 对于那些因"盲目性运气"而处于劣势地位的个体，政府以及受益较大群体应提供相应的补偿，"力所能及'平整'个人之间'那块游戏场'，好让他们竞争自己的位置，或者从更广的意义上说，意味着在个体形成过程中，社会平整个人之间的那块游戏场，从而使拥有相关潜力的那些人最终都能够获得竞争位置的资格"②。只有那些因自身无法改变的因素（如盲目性运气）所带来的损害才需要得到保证。科恩认为，我们应当为在人控制范围之外的劣势提供补偿，因此，不应当在不走运的资源拥有与不走运的实用功能之间划一道界限。需要为能力缺陷提供补偿，而不是为奢侈的口味提供补偿。③ 对学生而言，因其出身、所处地域等造成的不利就应该得到补偿，"由于出身和天资的不平等是不应得的，对于这些不平等就应该以某种方式予以补偿。这种补偿原则主张，为了平等对待所有人，从而达到真正的计划平等，社会就必须更多关注那些天资较低和出身的社会地位较差的人们。这一主张就是要按照平等的导向纠正那些偶然因素所造成的偏差"④，而因其不努力、不勤奋而付出的代价则毋须补偿。

---

① ［美］亚历克斯·卡利尼克斯著，徐朝友译：《平等》，江苏人民出版社2003年版，第66—67页。
② ［美］亚历克斯·卡利尼克斯著，徐朝友译：《平等》，江苏人民出版社2003年版，第69页。
③ ［美］亚历克斯·卡利尼克斯著，徐朝友译：《平等》，江苏人民出版社2003年版，第68页。
④ ［美］亚历克斯·卡利尼克斯著，徐朝友译：《平等》，江苏人民出版社2003年版，第115页。

从发达国家经验来看，根据情况制定标准，实施对贫困地区、弱势群体的补偿计划可以有效达到在课程领域某种意义上的公平，如美国在上世纪60年代实行了"肯定性行动计划"，为底层学生留出一定招生名额，增加入学计划、加大财政资助等，且计划又与大学自主招生结合进行。美国大学参考地区、家庭因素和多元化指标，对来自教育薄弱地区、家庭贫困和少数民族的学生制定相应标准。再如我国对少数民族或边远地区考生给予"高考加分"，并通过不断完善相关的配套政策与制度来确保基本的教育公正，并最终实现社会公正，其目的是促进不同的学生都能充分发挥潜能。

三条原则共同规定了何谓公正的学生评价标准，是层层递进、相辅相成的。其中，平等原则可视作首要原则，差异原则和补偿原则是对平等原则的修正与完善，综合考虑了不同情境下什么样的行动是公正的。罗尔斯在《作为公平的正义——正义新论》中对他提出的两个正义原则进行了重新表述：（1）每一个人对于一种平等的基本自由之完全适当体制都拥有相同的不可剥夺的权利，而这种体制与适于所有人的同样自由体制是相容的。（2）社会和经济的不平等应该满足两个条件：第一，它们所从属的公职和职位应该在公平的机会平等条件下对所有人开放；第二，它们应该有利于社会之最不利成员的最大利益（差别原则）。[1] 他认为第一个原则优先于第二个原则；在第二个原则中，公平的机会平等优先于差别原则。优先性意味着需要得到优先满足。谈及评价标准的公正性，它既要坚持其普适性，也要体现一定的区分度和层次性，兼顾差异；既要坚持其基础性，也要具有一定的发展性，兼顾底线。评价要做到公正，除了要坚持统一标准外，还应兼顾差异，同时对利益无法兼顾者给予补偿。

---

[1] ［美］约翰·罗尔斯著，姚大志译：《作为公平的正义——正义新论》，上海三联书店2002年版，第70页。

第五章　学生评价主体与民主

评价是评价者基于事实对评价对象做出的价值判断。价值属于关系范畴，表示客体的属性和功能与主体需要间的一种效用、效益或效应关系的哲学范畴。因而价值判断必然是由人做出的，与具体的主体相关联。这构成了价值判断的主体性，从而使评价在一定程度上因人而异。"不同主体在认识或评价同一教育存在时，往往会作出不同的理解，认识或挖掘出不同的意义。"[①]

在传统的学生评价中，评价者居于主导地位，评价对象则处于被动、服从地位，二者地位不平等，可以称得上是一种"独白式"的单一主体评价。在社会日益强调尊重主体价值多元的今天，评价越来越成为一种对话，一种平等的、真诚的、充满建设性的对话。第四代评价抛弃了"价值中立"的信念，也不认为众多价值中有哪种价值值得特别推崇，因而主张评价在本质上是一种通过协商而形成的"心理建构"，评价过程即是一个协商对话、多方参与的过程，而非一方控制一方。[②]《国家中长期教育改革和发展规划纲要（2010—2020年）》明确提出要"根据培养目标和人才理念，建立科学、多样的评价标准。开展由政府、学校、家长及社会各方面参与的教育质量评价活动"。《教育部关于积极推进中小学评价与考试制度改革的通知》中强调要"重视学生、教师和学校在评价过程中的作用，使评价成为教育行政部门、学

[①] 王健：《论学生评价伦理》，华东师范大学2006年硕士论文，第11页。
[②] 杨小微、王凯：《"对话"与"独白"：基础教育课程改革中的评价问题探讨》，载《教育科学研究》，2004年第4期。

校、教师、学生和家长共同参与的交互活动"。

可以说,从"独白式"评价走向多元主体共同参与的多元主体评价是当代学生评价发展的趋势。那么,多元主体参与的学生评价应遵循什么原则?其又是如何运行的呢?

一、从单一主体学生评价到多元主体学生评价

案例：新时期"好学生"该怎么选？[①]

浙江省湖州市吴兴区委宣传部、区教育局、团区委、区妇联、区教育工会等5个部门,联合发起在全区开展"社会最欢迎的10名好学生""学生最喜爱的10名好教师""教师最拥戴的10名好校长"评选活动。90名正式候选人是经过学校、社区民主推荐,评选组委会初评确定的,最终通过网络、短信和报纸等3个平台的公众投票和组委会综合考查、评议等程序,产生了"三十佳"人选。对这30名人选,评委会又通过《湖州日报》和"吴兴教育在线"向全社会公示。

此次评选,改变了以往领导定基调、专家定人选的封闭式评选模式,从一开始就充分利用现代传媒手段,让广大师生、社区居民最大限度地参与到评选活动中来。整个评选活动采用多元评价的方式,没有出现以往各类评优活动"上面热下面冷、内部热外部冷"的现象,广大师生员工、社会各界都主动关注并参与评选活动。

开放的评选活动,成为吴兴区各个学校、机关、社区等各界热议的话题,社会各界的参与热情更是出乎主办单位的意料,参与投票的累计人次达到69.9万人次。从网上投票数据分析,除本地区外,全国有近10个省（市区）的人员参与了网上投票活动。

公众对学校各种"好学生""好教师"等评选活动早已司空见惯。这些评

---

① 朱振岳、蒋立新:《新时期"好学生"该怎么选？》,载《中国教育报》,2006年7月22日。

选大多是自上而下的官方的、正式的评价，由教育行政部门、学校管理者、教师依据一套指标对学生的各方面进行评价，而家长、社会和学生则被排除在外。由家长、社会和学生主导的学生评价可以看作是民间的、非正式的评选。官方的与民间的、正式的与非正式的评选并非总是遵循同样的标准，二者可能相去甚远。

以"好学生"评选为例。在传统的学生评价中，在官方的、正式的评选中，"只要学习好就是好学生"的观念已成为一个不争的事实。学校、教师评选"好学生"往往依据学生在不同考试中的成绩排名，成绩被当作是首要的标准，而学生在学校里的表现则往往成为次要的标准。在民间的、非正式的评选中，比如学生眼里的"好学生"则可能是那些乐于助人、团结同学等有爱心、负责任的同学。但最终能评上"好学生"称号的往往是官方的、正式的途径评出来的，也即在"好学生"的评选中，学校和教师具有绝对的发言权，是权力的"主导者"。吴兴区好学生、好教师、好校长这种开放的评选活动让广大的师生员工、社会各界都参与进来，充分体现了当前民主社会公众对事关自身事情的参与，无疑具有重要的变革意义。

（一）独白式单一学生评价主体

在传统教育中，教师是课堂教学的主导，学生被当作接受知识的"容器"。同样，在传统的学生评价中，评价主体（主要是教师）和评价对象（学生）处于主客两分的位置，以教师为代表的学校掌握了评价的主动权和话语权，什么时候评价、评价什么、如何评价，乃至评价结果是否公布、如何公布等都由成人来决定，学生只能处于被动应对的位置，犹如待估价的"商品"。学生的主体性被忽视，沦落为缺乏话语权，无法为自己发声的"客体"。教师和学生在评价中的权力处于一种"失衡"状态。至于其他利益相关者，如家长、社区在评价中也难发挥应有的作用。在某种意义上，传统学生评价在本质上可以称作一种"独白式"的评价。同时，由于评价者依据评价结果对被评价者做出评判，被评价者在评价中缺乏话语权，评价过程实质上也可以看作是一种评价者对被评价者的控制过程，评价者与被评价者的地位是不对等的。

从评价的三个发展阶段来看，独白式评价在测量、描述和判断阶段均存在，强调评价的客观性。在测量阶段，独白式评价表现为"用数据说话"；在描述阶段，独白式评价表现为被评价者与目标之间的差距，即"目标达成度"；在判断阶段，独白式评价表现为对评价结果基于事实基础上的客观判断。无论在哪个阶段，独白式评价都体现出一个共同点，即评价主体的单一性，是一种由外部评价者主导的自上而下的评价。

（二）学生评价主体从一元到多元的发展历程

从本质上而言，独白式的单一主体学生评价属于美国教育家泰勒（Tyler，R.）提出的"目标导向评价模式"（Objectives-Oriented Evaluation Model），又可称为"泰勒模式"。泰勒模式是一种影响深远的评价模式，20世纪30—60年代主宰着教育评价的理论与实践。泰勒模式的主要特征之一是强调目标在评价中的主导作用，由教育专家讨论和提出学校的教育目标，然后根据该目标对学生的学习行为进行测量，以此来判定学校教育成果和预定教育目标之间的差距。正如泰勒所言："评价是一个确定实际发生的行为变化的程度的过程。评价过程实质上是一个确定课程与教学计划实际达到教育目标的程度的过程。"泰勒模式包括七个步骤：（1）确定目标；（2）阐述目标，并使之行为化；（3）确定目标使用的情景；（4）情景呈现的方式；（5）确定获取信息的记录方式；（6）确定如何赋分；（7）确定获取样本的手段。泰勒模式具有一套评价程序，是评价科学化的开端，在评价史上具有重要的地位。但客观地说，泰勒模式具有一定的局限，如作为评价前提的目标的合理性如何评价，所定目标主要是由"委托人和管理者提出的，而这些人没有或基本上没有关于这些学生的直接经验"，学生很少参与其中，学生的需求没有得到应有的重视，因为"没有一套共同的目标可以用来同学生多变的发展水平和需要相对应"[①]。

随着西方教育评价理论和实践的不断发展，以泰勒模式为代表的单一主体评价模式暴露出了诸多弊端，一些新的评价模式应运而生，如斯塔弗尔比

---

① 瞿葆奎主编：《教育评价》，人民教育出版社1989年版，第300—301页。

姆（Stufflebeam，D. L.）提出的"CIPP 模式"、斯克里文（Scriven，M.）提出的"目标游离模式"、斯塔克（Stake，R. E.）提出的"应答模式"、欧文斯（Owens，T.）提出的"反对者模式"、斯克里文提出的"消费者导向模式"，这些模式从仅仅反映教育评价者的"一元的"价值认识，发展到充分反映与教育评价有关的各类人员"多元的"价值认识的历程。[①] 如斯塔克提出的应答评价模式主张让被评价者和其他与评价有关人员提出他们关心的问题，表达他们各自的意见。评价者要收集这些资料并把资料与众人讨论、磋商，逐渐消除分歧，最后达成共识。对评价目标本身的合理性进行反思，强调评价应关注评价相关者，关注价值观的多元性。提出新时期的学生评价不能只关注评价者的需要，而要考虑所有人的需要，关注人的全面发展，评价方法应该更为人性化。

20 世纪 70 年代，美国评价学者派特（Patton，M. Q.）最早提出"多元主体参与"的概念，他于 1978 年出版了《使用定向评价》一书，他认为，应该把需要使用评价信息的各方面人员邀请到评价中来，请他们提出对评价的要求和建议，以便使评价结果能够很好地满足使用者的需求。这在评价历史上第一次冲破了评价主体只能是评价专家的束缚，是评价主体观念的一次革命。美国评价学者豪斯（House，E. R.）指出："多元主体参与评价的最大优势是克服了评价的偏见，提高了结论的真实性。"

在《第四代评估》中，古贝和林肯明确提出评价是一个建构过程，需要利益相关者的参与。他们将评价的发展分为四代，即测量、描述、判断、建构。第四代评估批判了前三代评估对多元价值的忽视、评价者高高在上的姿态以及科学主义范式等缺陷，以"利益相关者的主张、焦虑和争议作为组织评估焦点决定所需要信息的基础的一种评估形式，它主要用于建构主义调查范式的方法论"[②]。第四代评估"提倡一种全面的积极参与，要求利益相关者

[①] 言姝嫒：《多元主体参与学生评价之思考》，载《广西教育学院学报》，2005 年第 2 期。

[②] ［美］埃贡·G. 古贝、伊冯娜·S. 林肯著，秦霖、蒋燕玲等译：《第四代评估》，中国人民大学出版社 2008 年版，第 24 页。

和其他相关人在评估中处于平等地位,无论是评估方案的设计、实施、解释还是最后所有评估参与人都有权分享彼此的理解,并努力形成一种公认的、符合常理的、信息量更大的、成熟的共同建构——他们实际上拥有全面的观念性平等。当然,这也意味着在整个过程中,参与者都被当作人来看待,而不是实验的对象或研究的主体"①。他们认为:"评估行为的最后产出并不是对'事情是什么'、'事情如何进行'以及事物的某种'真实'状态进行描述,而是提出有意义的解释,即个体或者群体行为者为'理解'自身所存在的环境而作的建构。评估结果并非终极意义上的'事实',而是由包括评估者(以确保客观公正)以及由于评估而处于风险之中的利益相关者通过互动而实际创造的一种结果。"②

澳大利亚学者瓦伦媞娜·克兰诺斯基等人基于学习和评价的社会文化观提出,学习和评价是在特定情境下发生的,教师和学生双方在评价中的作用和力量都不容忽视,高质量的评价必须有学生参与其中。基于社会文化论的学习和评价实践侧重互动,强调共同体这一概念。学生通过"实践共同体"来获得学习体验,教师需要在新的评价体系中进行评判实践,故而他们的身份和角色也是学习者。在共同体中,教师通过在课堂上组织学生进行评价活动,增加他们的参与机会,也增强他们的归属感,学习者的"评价身份或角色"变得清晰。③

从以上观点来看,评价必定是一个多元参与的过程。的确,评价不等于"测量",不是简单地对一个物的大小、数量作出判定,而是基于事实作出价值判断。因此,评估结果仅用一个数字来呈现是不够的,学生是一个真实而具体的人,其发展远比一个数字所表达的内涵丰富,需要"解释"。"由于评估客体是经由某套标准而加以评价的,势必造成许多利益相关者的利益可能

---

① [美]埃贡·G. 古贝、伊冯娜·S. 林肯著,秦霖、蒋燕玲等译:《第四代评估》,中国人民大学出版社 2008 年版,前言。
② [美]埃贡·G. 古贝、伊冯娜·S. 林肯著,秦霖、蒋燕玲等译:《第四代评估》,中国人民大学出版社 2008 年版,前言。
③ [澳]瓦伦媞娜·克兰诺斯基,克莱尔·怀亚特-史密斯著,沈蕾译:《教育评价:标准、评判与调整》,江苏凤凰教育出版社 2016 年版,第 40—44 页。

被评估置于危险中。"① 那么这个"解释"的过程应该是评估的利益相关者多方互动的过程,而不是单向的"告知"。"对于一位评价者,学生身心结构的发展水平就有如一个'黑箱',人们根本无法了解里面的情况。"② 当不同评价主体站在各自的视角,运用不同的方法对学生进行评价时,通过多方沟通、交流,收集到更多的信息,从而形成一个个多维的、立体的、活生生的学生形象,而不是分割的、片面的、孤立的学生个体,这样的评价结果往往更能反映学生的真实状态,也更人性化。

总的来说,多元主体参与评价是对传统评价中一元主体的超越,对于促进评价结果的客观性和公正性具有重要作用。

二、民主视角下的多元主体学生评价

在学生评价中,多元主体共同参与已成为一种共识,那么,到底谁应该且能够成为学生评价的主体?不同主体在评价过程中发挥着什么样的作用?是同等程度的作用还是有差异的作用?发挥不同的作用是否需要其他的条件?等等,这些问题都需要进一步思考。

在当代社会,"民主"是一种值得追求的"好东西"。将学生评价纳入民主视角,用民主来调节学生评价中各评价主体之间的关系具有积极的意义。

(一)何谓民主

民主起源于政治,其本身是一个歧义丛生的概念,甚至对其性质也是颇有争议的,"在过去两千多年中,民主一直被认为是个'坏东西',只是到了最近一个世纪,它才开始被当成'好东西'"③,如我国新文化运动的口号即为"德先生"(democracy,民主)和"赛先生"(science,科学)。在漫长的两千年历史长河中,无数政治家、历史学家等将民主看作"坏东西",如将民

---

① [美]埃贡·G. 古贝、伊冯娜·S. 林肯著,秦霖、蒋燕玲等译:《第四代评估》,中国人民大学出版社 2008 年版,第 25 页。
② 苏启敏著:《价值反思与学生评价》,北京师范大学出版社 2010 年版,第 83 页。
③ 王绍光著:《民主四讲》,生活·读书·新知三联书店 2014 年版,第 2 页。

主等同于"多数人的暴政",导致对贵族或精英财政权的侵犯。在民主变成"好东西"的路上,许多人对其做了种种限制或改进,如将"直接民主"变成"代议民主"、将选举改成抽签、由少数人的选举改成普选等。经过逐步改良,民主在近百年来变成了"好东西",只是此"民主"已非彼"民主"了。

"民主"一词从字面来理解即人们通常所说的"主权在民",这里的权利包括参与权、选举权、表决权等。在中西方语境中,民主的核心并不一致。在西方语境中,"民主"更多指民众拥有的选举权,而在中国语境中,则意味着民众权利的表达,政府对民众权益的关注。对民主核心的理解与认同不一致也成为西方发达国家攻击其他国家不民主的借口。笔者认为,选举权只是民主的一个表现,并不是判断民主与否的唯一标准,相较之下,民众的权利能否得到合理表达及政府对民众权益是否关注更为实质。"不管人们在何种语境下使用'民主'一词,他们都承认,'民主'是对于'强者权力'的一种限制,或者反过来说,民主是对于'弱者权利'的肯定与保护。"[①]"民主本身是一种善,因为在某种程度上它给予某一政权下的人民以集体的力量来决定自己的命运。在大多数情况下,它意味着更好的生活条件,至少是当它涉及诸如接受教育、医疗保健和法律保护时。"[②] 在当代社会,民主是一种值得赞美与追求的"善"。

随着民主成为一个"好东西",民主一词早已不再仅限于政治领域,而与人们的日常生活密切相关。正如杜威所言:"民主不只是一种政治形态;主要乃是一种共同生活的模式,一种协同沟通的经验","本来是空间距离相隔的人们,因为参与共同的兴趣利益而彼此行为互相参照,自己的行为因考虑到他人行为而有要点与方向,这等于打破原来存在阶级、种族和国家领土之间的屏障,使人们能看见他人行为的重要性"[③]。此外,法国政治学家托克维尔也将民主理解为一种社会状态和一种政治形式,在社会层面来理解和使用民主。作为一种社会状态的民主是人们共同生活的模式,在这个共同体内,大

---

① 石中英著:《教育哲学》,北京师范大学出版社2007年版,第237页。
② [美]查尔斯·蒂利著,魏洪钟译:《民主》,上海人民出版社2009年版,第5页。
③ [美]约翰·杜威著,薛绚译:《民主与教育》,译林出版社2014年版,第78页。

家超越了狭隘的自我而基于共同利益彼此尊重与合作,致力于培育"互信、互惠、温和、妥协、谅解、宽容的品性"①。

(二) 学生评价的民主表征

从对民主的描述来看,民主的核心是"参与""平等""协商"等。在多元主体学生评价中是否应遵循这些核心的原则呢?美国学者 House 和 Howe 提出了协商民主式评价,民主原则包括三个标准——吸纳、对话与协商,注重所有利益群体的平等参与,通过民主的参与、对话来检视、鉴别不同持分者的需要与兴趣,使评价尽可能公正客观。② 民主是一种原则,一种方法。采用民主的方法,让评估对象参与到评估过程中来,如参与评估方案的制订,评估标准与指标的编制、完善等,有利于评估对象对评估的接纳,有意识地将评估指标作为自己行动的引领,同时也会对最终评估结果具有较高的认同度。同时,民主参与本质上也是对评价中的权力进行制衡,一方面限制"强势群体"的权力,另一方面保护"弱势群体"的权力。

传统单一主体学生评价本质上可以看作是一种独白式评价。独白是与对话相对的。独白是一个人的自言自语,是一种内心活动,而对话则是两个或两个人以上的言语交流。对话作为一种教育原则,从简单的意义上讲,强调的是师生的平等交流与知识共建。③ 民主的学生评价本质上是一种对话式评价,应具有以下几个关键表征。

1. 协商与对话

古贝和林肯提出的第四代评价体现了"共同构建""全面参与"与"多元价值"的评价思想。"共同构建"即把评价看作是所有参与评价活动的人们共同建构的过程,认为评价并不是外在于人的纯客观过程,而是参与评价的所有人特别是评价者共同作出的,是交互作用的"产物"。这样大大提高了评价

---

① 王绍光著:《民主四讲》,生活·读书·新知三联书店 2014 年版,第 116 页。
② House E. R., Howe K. R.. Deliberative democratic evaluation. In: Ryan K. E. & DeStefano L. (Eds.) Evaluation as a democratic process: Promoting inclusion, dialogue, and deliberation, New Direction for Evaluation, 2000.
③ [英] 戴维·伯姆著,王松涛译:《论对话》,教育科学出版社 2004 年版,第 10 页。

对象在评价活动中的主体地位。"全面参与"主张所有参与评价的人,不管是评价者,还是评价对象,都是平等、合作的伙伴,是具体、完整的个人而非传统评价中的试验者与试验对象,他们都应有机会表达自己的观点,他们的"尊严、人格与隐私"也应得到充分的尊重。"全面参与"观点的最大贡献在于它把评价过程的控制特点与评价对象的伦理要求成功地协调起来,通过调动评价对象的主体性来弥补试验控制对象对对象伦理的侵犯。"多元价值"指在评价中人们的价值标准各不相同,是多元的。倡导全面参与与民主协商,突破了传统评价中的"管理主义倾向",挑战评价者与被评价者之间的传统关系,使传统上处于评价对象地位的被评价者也成为了评价的主体,得以公平、全面地参与整个评价过程,并且,在评价中享有真正的话语权,而传统上享有评价垄断权的评价者也不再是评价的控制者,成为评价过程中的条件提供者和创造者。[1] 古贝和林肯为评价过程开出了这样一份"程序单":第一步,在评价开始时,各有关方面订立协议,明确各方的权利和义务;第二步,做好深入现场、获得信息的安排;第三步,确定优先协商的问题;第四步,协商;第五步,形成报告。从古贝和林肯的描述来看,评价就是一个多方参与的协商与对话的过程,是各主体主动建构的过程,体现了价值多元。

学生评价是对学生发展水平做出的价值判断,独白式学生评价将学生作为一个"客体"对待,剥夺了学生在评价中的发言权,是单向地给予结果的过程。而对话式学生评价要求改变这种不对等的关系。正如马丁·布伯所言,当我与一棵树对话时,这时我与这棵树的关系就不再是工具关系,不再是"我—它"关系,而成为"我—你"关系。"我—它"关系并不仅限于对物的关系,也可以是对人的关系。当我们把他人当工具来看待,只是想利用他人,这时我们与他人的关系就是"我—它"关系。[2] 在马丁·布伯看来,在"我—你"关系中我们不是把他者当作工具而是当作目的。

但并非发生在两个或两个以上的人之间的交流就是对话。布伯将对话分

---

[1] 霍力岩、赵清梅著:《多元智力评价的理论与实践》,教育科学出版社2010年版,第8页。
[2] [德]马丁·布伯著,张健等译:《人与人》,作家出版社1992年版,第30页。

成三种类型,真正的对话、技术性的对话和独白式的对话。"真正的对话——无论开口说话还是沉默不语——在那里每一位参与者都真正心怀对方或他人的当下和特殊的存在,并带着在他自己与他们之间建立一种活生生的相互关系的动机而转向他们。技术性的对话,这种对话单纯是由客观理解的需要所激起。有装扮成对话的独白,在其中,即刻就相遇的两个或更多的人各以曲折、迂回的方式与自己说话,但却想象他们已逃脱了被抛入自己打发时光之境的痛苦。"① 也就是说,表面的"对话"并非真正的对话,只有心怀彼此,并将自己与他人建立一种相互关系的对话才是真正的对话。

与独白式学生评价单一评价主体不同,在对话式学生评价中,不同主体的声音都能得到倾听,教师、学生和家长等主要利益相关者围绕共同的目的即学生的发展而进行一种开放的、公平的交流。通过对话,教师、学生和家长对评价结果保持开放的心态,而这对于营造良好的教育环境是非常重要的。如果教师、学生和家长对评价结果各执己见,如教师关注学生全面发展、学生关注自身个性与兴趣的发展、家长关注学生的成绩,各方很难形成平等的对话。"对话不是去解剖事物,也不是去赢得争论,或者是去交换意见。它旨在将个人的主观观念搁置一旁,从而能够对这些观念本身进行认真的审视。"②

2. 参与与合作

案例:一道自传公告板作业③

杰克·莫里森(Jake Morrison)在每学期开学的时候都给他的学生布置一道自传公告板作业。每年杰克和他的学生们都会在公告板上展示大量的事实和照片。孩子的家长、祖父母、邻居和朋友也都帮助收集有关他们的最成功事迹,并且在公告板的个人区域内展示这些成功事迹。学生们向我们展现了他们最大的成就和成绩,他们的工作赢得了大家的肯定和鼓励。杰克道出

---

① [德]马丁·布伯著,张健等译:《人与人》,作家出版社1992年版,第30页。
② [英]戴维·伯姆著,王松涛译:《论对话》,教育科学出版社2004年版,第31页。
③ [美]韦伯著,陶志琼译:《有效的学生评价》,中国轻工业出版社2016年版,第3页。

了这种活动的真正目的："是想通过让孩子们展示他们真正已知的东西，强调他们的成功，从而激励他们。"杰克的公告板不仅强调了孩子们能做的事情，也帮助孩子们认清了他们还需要进一步学习的技能。您可能以为在公告板上只有学生的成就，但是事实上，您也可以在公告板上找到学生弱项的展示空间。公告板包括五个不同的主题：最有价值的成功、最重要的成就、兴趣与爱好、未来的目标和梦想、我的弱点。杰克的评价活动符合学生们的价值观，帮助学生获得了自信。

罗伯特·达尔（Robert Dahl）在一经典的表述中，规定了5个过程取向的民主标准，包括：（1）有效的参与，在团体（association）采取一个政策之前，所有成员必须有平等的、有效的机会使自己有关这个政策应该如何的观点为其他成员所知；（2）平等的投票，在需要就政策做出最终决定时，每一成员必须有平等的、有效的机会投票，而且所有投票都必须平等地计算；（3）知情的了解，在合理的时间限度内，每一成员必须有平等的、有效的机会了解有关的其他政策及其可能的后果；（4）议程的控制，成员们必须有专门的机会决定如何确定议程，而且如果他们选择这样做的话，必须有机会来决定什么事项必须纳入议程；（5）包括所有成年人，所有（至少是大多数）的成年常住居民（permanent residents）应该具有前面4个标准包含的充分的公民权。[①]

可以说参与是民主的一个主要体现，没有民众的参与就很难说有民主的产生。参与式民主是承认每个个体的参与权，相对于代议制民主来说，是一种直接民主。参与有助于培育积极的公民。"对自由的平等权利和自我发展只能在参与性社会中才能实现，这个社会培植政治效率感，增加对集体问题的关心，有助于形成一种有足够知识能力的公民，他们能对统治过程保持持久的兴趣。"[②]

在对话式学生评价中，学生及其他相关者都应作为评价主体参与到评价

[①] ［美］查尔斯·蒂利著，魏洪钟译：《民主》，上海人民出版社2009年版，第7—8页。
[②] ［英］戴维·赫尔德戴著，燕继荣等译：《民主的模式》，中央编译出版社2008年版，第340页。

中。相对于独白式评价,这种参与式的评价更为开放,更能调动学生的积极性,引导评价者与被评价者从关注评价结果转向关注评价过程,能够给予学生的发展更多人性关怀,从而更能促进学生的发展。"当一个教师与别人,包括学生分享他作为一个教师拥有的责任和权利时,那么教师的建议会变得有价值得多。"① 的确,当教师不再"独揽"评价权时,评价成为一个协商与对话的过程。

一般来说,在一项活动中,旁观者的态度和参与者的态度有所不同。旁观者对眼前的事漠不关心,结果怎样都无所谓,反正他只是在旁观。参与者与正在发生的事关系密切,事情的结果对他大有影响。他的命运多少会受结果左右,所以他要尽全力影响眼前发生的事的走向。参与者的态度可以用两个词表示:关切、兴趣。意思是说,某人与事物固有的发展可能性有密切关系,所以会留意事情可能会如何影响他;并且根据他的期望和前瞻,急于用行动来引导事情往某个方向发展。② 学生通过参与评价,不再只是作为评价的旁观者,而是可以依据自己的兴趣和需要自主选择教师所提供的评价材料和评价活动,可以在评价活动中充分发挥自己的想象力与创造力并以自己的独特方式将自己的发展和进步表现出来,也可以慢慢学会为自己的发展承担相应的责任。

学生通过参与评价,将评价纳入学习过程,评价成为学习过程的一个必备环节,而不再只是来自外部的监测。如果学习是终身的,那么评价就必须适应这种自主的终身学习的模式。"学生需要利用评价的机会来了解自己的进步,评判自己的成绩,监控自己的发展。他们具有认识自己的优势、倾向和不足之处的能力。"③ 通过自我评价、反馈和改进,学生培养了自我分析和自主学习的能力。

---

① [美]韦伯著,陶志琼译:《有效的学生评价》,中国轻工业出版社 2016 年版,第 160 页。
② [美]杜威著,薛绚译:《民主与教育》,译林出版社 2014 年版,第 113 页。
③ [美]韦伯著,陶志琼译:《有效的学生评价》,中国轻工业出版社 2016 年版,第 190 页。

参与是合作的前提。但并非"在一起"就是合作。真正的合作必须是合作双方具有共同的目的、愿景等,认同目标达成的路径和措施等,并具有有效的交流机制。学生与家长通过参与评价活动,与教师一起共同讨论评价的目的与评价的标准,并达成共识,当评价标准是学生、教师和家长共同制定的,并且学生清楚所有的任务及每个任务各自的重要性时,他们的畏惧感就会减少,主动学习的动机就会增强,学习焦虑也会明显减少,将评价看作一次对学习的诊断,学习也会变得更加有目的性,而评价的结果将会更全面、更真实,其所起的作用也更为直接,因而更具价值。

3. 尊重与信任

在独白式学生评价中,学生被当作"物化"的评价对象,其人格与基本的权利难以得到评价者应有的尊重。在对话式学生评价中,虽然各评价主体所具备的专业知识不平等,但他们的人格是平等的,所以各评价主体应该互相尊重与信任。

尊重是相互的。对教育工作者教师来说,尊重首先意味着应尊重评价对象的基本权利。"尊重评价对象的人格和权利,不论是对评价对象的学业成绩、道德行为还是对其心理发展、综合素质进行评价,都需要在尊重的前提下进行,尽可能顾及到评价对象的内心感受和情感需要,要尊重评价对象的隐私权,当评价有可能对评价对象的自尊乃至人格造成伤害时,即使并不是有意为之,也应尽量想办法避免。"[①] 评价对象的基本权利包括哪些?这里的评价对象无疑是学生。1959 年 11 月 20 日,联合国大会通过了《儿童权利宣言》,明确了各国儿童应当享有的各项基本权利。但由于一些儿童工作者指出该宣言不具法律约束力,因而难以起到更大的作用。鉴于此,联合国大会决定起草一份具有法律约束力的《儿童权利公约》(以下简称《公约》)。1989 年 11 月 20 日第 44 届联合国大会第 25 号决议通过了《公约》,其是第一部有关保障儿童权利且具有法律约束力的国际性约定。截至 2015 年,《公约》已

---

① 辛继湘:《教育评价者的伦理责任》,载《教育测量与评价(理论版)》,2014 年第 4 期。

获得 196 个国家的批准,是世界上最广为接受的公约之一。《公约》规定了世界各地所有儿童应该享有的数十种权利,其中包括最基本的生存权、全面发展权、受保护权和全面参与家庭、文化和社会生活的权利。《公约》还确立了 4 项基本原则:无歧视、儿童利益最大化、生存和发展权以及尊重儿童的想法。《公约》旨在为世界各国儿童创造良好的生长环境。尊重儿童的各项权利理应成为各项教育活动开展的前提与指向。

学生评价必然要遵守包括生存权、发展权、受保护权等在内的各项权利与原则,以促进学生的发展为目的。同时,由于评价活动的特殊性,评价者在对学生进行评价时,还应尊重他们的参与权、隐私权、申诉权等权利,保护学生(特别是学困生)的自尊心、自信心等不受到侵害,为学生提供表达质疑的渠道,允许其合理"发声",并为其提供"发声"的正常渠道。此外,教育工作者还需尊重家长的评价权利,不能自以为家长不懂教育而将他们排除在评价过程之外。与教师相比,家长因为了解学生的生活环境,更能了解学生的真实水平和努力程度,他们对学生的评价能作为教师评价学生的重要参考依据。

另一方面,家长和学生同样要尊重教师作为专业人士的评价权利,不能因为出于个人利益的考虑而对评价的整体安排随意进行妨碍,或者因教师对孩子的评价不符合自己的意愿而对评价结果给予恶意否定甚至对教师进行人身攻击。

某种程度的信任是民主的必要条件。真正的协商过程产生信任,而信任的存在又加速了协商。① 何谓"信任"?信任为何重要呢?在汉语中,"信"和"任"原本是两个分开的字。"信"通常指"信用、诚实、信任"等义,如在《论语》中"信"多次出现,"自古皆有死,民无信不立","与朋友交,言而有信",等等。"任"的意思包括官职、保举、承担、听凭等,如孔子在谈到"五仁"时提到"恭、宽、信、敏、惠。恭则不侮,宽则得众,信则人任焉,

---

① [美]查尔斯·蒂利著,魏洪钟译:《民主》,上海人民出版社 2009 年版,第 91 页。

敏则有功，惠则足以使人"（《论语》），这也可看作是"信任"一词在汉语中的最早来源，诚信的人可以委以官职，承担某种责任，即因信而任。

人与人之间的彼此诚实守信是交往以及关系维系的基础。波兰学者彼得·什托姆普卡认为信任对参与者和对信任得到普及的更广大的共同体有重要的功能，"它（信任）增加了埃米尔·迪尔凯姆所称的'道德亲密性'（moral density）和现代学者所描述的'社会资本'（social capital）、'自发的社会性'或'市民的约定'（civic engagement）"。而"不信任关闭了沟通的通道，导致社会成员孤立，并产生'众人致误现象'"。①

对话式的多元主体参与的学生评价要能顺利推行，有赖于各主体建立共同的愿景——促进学生的发展，并在此基础上最终达至彼此的尊重与信任。

三、学生评价的民主限度

在民主社会，从理论上说，与学生密切相关的利益主体，包括学校、教师、学生及其同伴、家长以及社会都应该成为评价主体，然而，他们在学生评价中所起的作用是否相同？如果不同，这种权重该如何确定？事实上，这也是民主在学生评价中的限度问题。

（一）谁是学生评价的主体？

学生评价的主体应该是多元的，但到底谁能成为多元主体中的一元呢？这个问题并不能简单地回答。因为学生评价的类型是多样的，在不同的类型中，参与的主体不一样，各主体发挥的作用也不一样，笼统地说谁是主体意义并不大。按照不同的标准可以将学生评价划分为不同的类型。

就学生评价的类型而言，可以分为诊断性评价、过程性评价和终结性评价。诊断性评价一般用于教学开始前教师为了了解学生的基础而进行的评价，评价主体应该是教师。教师通过学生评价，可以更有针对性地实施教学。过

---

① ［波兰］彼得·什托姆普卡著，程胜利译：《信任——一种社会学理论》，中华书局2005年版，第141页。

程性评价是在教学过程之中进行的评价，评价主体包括教师、学生和家长，一般用于了解学生对某一知识点或某一阶段学习结果的掌握程度。过程性评价的形式有多种，如档案袋评价、真实性评价和表现性评价等，参与主体有教师、学生及家长。通过过程性评价，可以为教师改进教学、提高教学质量提供保障。终结性评价一般是在一个学期或一个学年的教学和学习任务完成之后进行的评价，是一种回溯性的评价，即对整个教学和学习过程的检验。终结性评价主要通过考试和表现性评价进行。考试通常分为标准化考试和非标准化考试，前者通常由校外人员组织实施，后者可以由校内教师实施，因此终结性评价主体包括外部人员（如编制试卷者、行政管理部门等）和教师。

  从评价实施频率来看，主要可分为内部评价（又称日常评价）和外部评价。内部评价是基于课程与课堂教学进行的评价，如课堂评价、作业评价和测验评价等多种，频率相对较高，几乎每天甚至每堂课都在进行，其评价主体以教师为主。在某种意义上评价可以看作是教师日常工作的主要任务之一，据斯蒂金斯（Stiggins, R. J.）的研究，"教师要花费三分之一至一半的专业时间用于与评价相关的活动"[①]。其次是学生，如学生的自评和互评等。学生是一切教育的出发点，他们的发展应成为教育的目的，教育教学活动应围绕学生来开展，而不是相反。学生作为一个有着自己思想、意识的行动主体，应有机会参与到教育教学活动中。最后是家长，家长对学生作业、日常表现行为等的评价。外部评价主要指大规模的统一考试、测验或评价，如升学考试、综合素质评价、PISA 等，一般频率较低。外部评价的主体一般为学校外部人员，如各级教育行政部门、专业考试机构或第三方机构等，主要是学业考试及升学考试，相对来说教师所发挥的作用比较小，"教师只是部分参与，甚至只是一个评价结果或信息的用户，主要是理解、解释和运用外部评价结果来支持学生的学习"[②]。

  按照评价的内容来分，可以分为学业评价、综合素质评价等。校内学业

---

① Stiggins, R. J.. Relevant Classroom Assessment Training for Teachers. *Educational Measurement: Issues and Practice*, 1991, 10 (1), 7.
② 郑东辉：《教师需要怎样的评价知识》，载《教师教育研究》，2010 年第 5 期。

评价主体主要是教师，校外学业评价主体一般属于外部评价，主体是教育行政部门或其他教育机构。综合素质评价是 2014 年 9 月由国务院正式颁布实施的，在《国务院关于深化考试招生制度改革的实施意见》中明确提出，到 2020 年基本建立中国特色现代教育考试招生制度，探索基于统一高考和高中学业水平考试成绩、参考综合素质评价的多元录取机制。2014 年 12 月，教育部印发《关于加强和改进普通高中学生综合素质评价的意见》，对综合素质评价工作提出具体规定。综合素质评价包含五个方面的内容：思想品德、学业成就、身心健康、艺术素养和社会实践。很明显，学生的综合素质评价是一个多主体参与的过程，包括学校、教师、学生、社会等。

独白式学生评价主体较为单一，而以协商和对话为主的多主体参与的学生评价中，参与的主体是多元的，且在不同的评价中，评价主体必然是分工负责的。

（二）学生评价中民主的限度

民主的学生评价是否意味着不同主体在学生评价中处于同等的位置？学生自评、互评及教师评价是否具有同等的价值？各种主体参与到评价中来，他们之间可能相互影响，是否会导致评价信度降低，出现"公说公有理，婆说婆有理"的现象呢？就本质而言，民主作为学生评价的一种原则强调的是教师、学生、家长等主体在评价中的人格地位平等，是对传统独白式学生评价中评价者与评价对象之间的不平等关系进行矫正，将评价作为一种促进评价对象发展的手段，而非控制、管理的工具。但是人格地位的平等并不意味着不同主体在评价过程中所发挥的作用是相同的。由于评价是一项较为专业的活动，对评价者提出了相应的要求，评价者需要具备一定的评价素养。因而民主在学生评价中具有一定的限度。以学生为例来分析学生评价中民主的限度问题。

1. 学生是否应成为学生评价的主体

学生尤其是中小学生在评价中的主体地位是存在一定争议的，质疑者认为较低年级的学生缺乏相应的知识储备和评价能力，难以承担起客观公正评价自己和同学的责任。这一观点似乎不无道理。但诚如纳撒尼尔·布兰特（Natheniel Branden）所认为的："一个人对自己的评价，将直接影响到他的核心价值观以及是否有积极的心态，自我评价还会影响他的思维方式、情绪、希望以及人生目标，同时也影响到他的行为。"[1] 让学生从小学会自我评价对孩子的成长具有重要作用，这是一个不断认识自我、反思自我及定位自我的过程。不能因为孩子年龄小而剥夺了他们进行自我评价的权利与机会，教师可以让学生参与一些与他们年龄和成熟程度相适应的个人成长目标、评价标准等的讨论与制订，可以经常创造一些小的机会引导孩子进行自我评价。例如写字，教师可以让学生讨论写得好的字应该是什么样的，然后让学生对照标准评价自己的字，知道怎样才能写出符合标准的字。

从理论上来说，承认学生的评价主体地位并非难事。针对传统教育中儿童主体地位的缺失，杜威提出了"儿童中心论"，他认为"儿童是起点，是中心，而且是目的。儿童的发展、儿童的生长，就是理想所在"。儿童在教学中的主体地位的确定无疑要求他们成为自己学习效果的评价主体。学生这一评价主体的地位，让学生在自我评价和相互评价中认识自我、他人以及二者间的关系，并在评价中获得快乐、促成发展。当学生能对自己的努力程度、发展进步等作出合理的判断时，能让学生更好地认识自己，调整自己，更有效地激发学生自主管理、自主发展的内在动机，从而进入一个良性循环的发展轨道，这也是学生成为一个终身学习者的必要前提。正如桑代克的效果率所界定的：人们看到自己努力学习的效果就会增强学习行为。

总而言之，学生无论年龄大小都应该且可以成为自己学习的评价者，只是评价内容和具体实施需根据学生的阅历、知识水平等有所差异。教师需要承认学生在评价方面的主体地位，向学生开放自己的评价过程，引导学生参与评价，与学生协商，共同解决评价问题。

2. 学生如何进行学生评价

案例：美术作业中的"及时贴"[2]

---

[1] ［美］阿黛尔·法伯、伊莱恩·玛兹丽施著，安燕玲译：《如何说孩子才会听怎么听孩子才肯说》，中央编译出版社2007年版，第181页。

[2] ［英］伊恩·史密斯著，剑桥教育（中国）译：《促进学生的自我评价》，教育科学出版社2010年版，第23页。

某学校美术教研组老师让学生把所有的作品在走廊上展示出来。学生分成小组进行教学活动。每一组都会拿到一本"及时贴",上面写着一些用来评价美术作品的标准,同时用不同颜色代表不同方面的质量标准。这些标准是师生经过讨论共同制定的,如肖像画"眼睛在脸部中间位置""两只眼睛之间的距离与一只眼的宽度大致相同"……教师和学生一起讨论每一条标准的含义。每个小组依次轮流到外面的走廊上去把自己的"及时贴"粘在他们认为最能体现标准要求的作品的某个部分,并向自己的同伴或小组同学解释把"及时贴"放在这里的原因。然后这些作品会被拿回课堂上,大家进一步展开关于质量特征和改进策略的讨论。

学生作为主体来参与学生评价,主要表现在学生参与评价内容、评价标准的讨论,依据自己的兴趣和需要自主选择教师所提供的评价材料等。

学生的自我评价相对于教师等主体作出的外部评价,是一种非正式评价,包括自己对自己的评价和同学之间的互评两个方面。学生自我评价是对自我的学习状况、努力程度以及各方面的发展进行自我分析,并作出判断,是学生认识自我、促进自我发展的重要手段和内容之一。学生的自我评价实际上是对自我的一种元认知,"个人关于自己的认知过程及结果或其他相关事情的知识",以及"为完成某一具体目标或任务,依据认知对象对认知过程进行主动的监测以及连续的调节和协调",是一个人所具有的关于自己思维活动和学习活动的认知和监控。[①] 同学之间的互评是学生对同伴的学习情况依据一定的标准和准则作出判断,通过相互评价,同学之间可以进行相互学习、取长补短、共同提高,可以培养学生的责任感和主体意识。自我评价与同学互评在实践中往往是同步进行、互相交织在一起的。

学生自我评价包括两种类型:一是学生自我评分,这也是最基本的学生自我评价,学生依据评价标准对自己或同学的作业、试卷等进行评分;二是调节学习的自我评价,其强调学生自我评价的形成性功能,让学生对自己的

---

① 黎坚、杜卫、孙晓敏:《元认知调节研究的现状与发展趋势》,载《北京师范大学学报(社会科学版)》,2008年第3期。

学习活动进行评价，从而发现问题，改进学习，是学习中的一种调节反馈机制。齐默尔曼 2001 年以班杜拉的社会认知理论为基础建构的自我调节学习的社会认知模型（Social Cognitive Model of Self-regulation），包括三个阶段：第一个阶段是预先计划阶段（the forethought phase），主要是让学生制定目标，对任务进行分析、计划和选择学习策略；第二个阶段是表现控制阶段（the performance control phase），主要是在学习过程中对自己的学习进行自我监控和做出相应的调整策略；第三个阶段是自我反应阶段（self-reflection），主要包括对自己学习或表现的自我判断、适应性推断或自我反思，这一阶段包括学生的自我判断和自我反应。[1]

学生自我评价的方法有很多，主要包括以下几种。一是设定恰当的学习目标，依据学习目标和评价标准，不断进行自我回顾、对照。二是学会自我规划和自我提示：一天中语文等学科要做的几件事、一周要做的几件事；我做了没有，做得怎么样；我觉得哪些最困难，需要什么帮助，最满意的是什么，有什么新的收获……三是阶段性学习任务完成后，进行自我总结：我学到的最重要的内容是什么，哪些内容让我感到满意，我现在能解决哪些新的问题；我是如何学会的，哪些方面让我感到惊喜，举出我的优势；从与同学的合作中我学到了什么，我该给同学提出什么建议；最难学的内容是什么，我有些什么差错，原因是什么，在难学的内容上我最大的进步是什么；我感到最想做的事是什么，怎样做我的感觉才会好些，我需要尝试什么新的方式。四是写学习日记与建立学业档案，"及时记录并收集整理学习情况，提供学习进步的证据"[2]。

3. 学生作为评价主体的局限性

评价是基于事实基础上的价值判断，客观事实是作出正确判断的证据。当学生既是评价对象又是评价者时，如何保证评价的信度呢？从人的本性来

---

[1] Zimmerman, B. J.. Attaining Self-regulation: A Social Cognitive Perspective. Boekaerts, M., Pintrich, P. R. & Zeider, M.. *Handbook of Self-regulation*. Burlington: Elsevier Science, 2000, p13-39.

[2] 柳夕浪著：《学生综合素质评价》，华东师范大学出版社 2016 年版，第 115 页。

说，每个人都想向外人展示自己最好的一面，而隐藏不好的地方。有时甚至为了抬高自己而不惜损害别人，如对同学作出不真实的评价，以提高自己录取或选中的机会。作为未成年人的学生，身心处于不成熟状态，并不总是清楚自己行为的后果。

如成长记录袋的实施。一般而言，学生是成长记录袋的主体。学生在总结时，需要进行自我描述，以写实记录为基础进行自我评价。学生通过对自我完成的记录袋进行自我审视、反思，从而获得对自身进步与不足的认识，可以看作是一个自我教育的过程。但是当成长记录袋成为学生评优或升学的依据时（如高中生综合素质评价），记录袋的真实性往往难以保证。如成长记录上写着"某年某月在某博物馆做义务讲解员"，而查该博物馆的记录，那天为闭馆；某生高一时的成长记录写参加校内义务劳动10次，到了高三整理档案时，改成了20次等，无中生有，随意更改，夸大其词。[①] 在学生互评时，学生可能会因为亲疏不同而做出不恰当、不客观的评价。当评价具有利害关系时，学生都希望有一个好的评价结果，当结果不如人意时，他们甚至不惜篡改数据和信息。

公正地说，学生尤其是低学段的学生由于心理不成熟，知识水平有限，对自己行为后果认识不清，导致学生并不能成为一个完全独立的评价者，还需要教师进行指导和监督，如在学生互评时，引导学生关注同学的表现，防止学生互评成为相互"挑错"和"指责"，甚至成为"报复"的工具，评价的作用难以发挥，结果更不可能公允。因此，教师还要对学生的评价结果予以甄别，确保评价结果的真实性。教师的指导与监督并不能否定学生作为评价主体的地位，只是为了培养与提高学生自我评价的意识和能力，最终更好地保证评价结果的客观真实。

此外，当评价具有利害关系（特别是作为评优或升学依据，如高中生综合素质评价）时，学校应确保学生自评材料的真实性，评选部门及招录学校也要对学生辅以面试等多种手段，以更全面考察学生，对材料造假的学生予

[①] 柳夕浪著：《学生综合素质评价》，华东师范大学出版社2016年版，第42页。

以一票否决，提高"舞弊"的成本，使学生从不敢到不愿造假，提高学生的诚信意识，学会为自己的行为负责。

在这里，民主更多的是一种方法和原则，意味着主体的平等参与，但这种民主应该是有限度的，即参与主体的认知水平需达到一定的水平，具有自我约束能力。不同主体在学生评价中所发挥的作用或所占的权重不是完全相等的，而应该依据评价的内容、性质、类型等有所区别。

第六章 教师评价伦理素养

在学校里，教师是与学生联系最为紧密的一个成人群体，除了教学，教师对学生的评价也是教师的一项日常工作，如作业评价、课堂评价、行为评价、标准化测验等。学生评价实际上是教学的一个必要组成部分，贯穿于教学整个过程，为教学提供反馈以不断调整教学过程，从而更好地实现教学目标，促进学生发展，可以说教、学、评是一个有机整合体，共同指向学生的发展。只有当目标统一时，才能减少"内耗"，提高教育效能。学校必须"保证不管是在教学方面还是在测评学生方面，教师都被视为主要专家，这样教师才能感受到对学生测评的自主权，并视之为教与学的组成部分"[1]。当教师被视作主要专家或专业工作者时，他们才能不仅要关注自己"教了什么"，更要关注学生"学会了什么"，明白只有学生学会了，才能说教学目标达到了，这样的教学才是有效的教学。毫不夸张地说，"没有好的学生评价，好的教学是不存在的"[2]，教师不仅要会教，还要会评，对学生学习评价做得越好，其教学效果也就越好。

教师是学生成长路上的引路人，教师对学生的评价很大程度上影响甚至决定学生的自我认知和自我期待，如著名的"罗森塔尔效应"所提到的教师期待对学生的影响，教师正面的积极的评价会激发学生成长的内驱力。因此，

---

[1] 经济合作与发展组织编，窦卫霖等译：《为了更好的学习——教育评价的国际新视野》，上海教育出版社 2019 年版，第 11 页。

[2] Standards for Teacher Competence in Educational Assessment of Students. Educational Measurment：Issues and Practice，December 1990，p30.

教师对学生的评价一定要慎之又慎。教师对学生作出的评价不仅要客观真实，而且也要合乎伦理规范。为此，教师需要掌握一定的学生评价知识和技能，知道如何正确地评价学生，知道如何合理地运用学生评价结果改进教学，评价能力应该成为教师知识与能力体系的重要组成部分。除此之外，教师还需要知道什么样的学生评价对学生而言是正当而善的，对评价本身（包括评价目的、标准、过程及结果等）的正当性进行反思与追问，而这需要教师具备一定的学生评价伦理素养。

一、教师应具备的评价伦理素养

在学生评价中，教师应遵循哪些伦理原则呢？美国学者 J. M. 里奇对学生的教育测验所应遵循的伦理作出了以下几点规定：一要遵守把学生作为人来对待；二要避免用可能导致给学生贴带贬义的标签、羞辱学生、嘲弄学生之类的方式来使用测验；三要体现真实性，反对舞弊，保护正直诚实的学生，公正无私地对待学生；四要尊重学生的隐私。[1] 教育测验是学生评价的一种类型，相对来说，学生评价所遵循的伦理规范与原则应该更为宽泛，如尊重的原则、平等对待的原则、客观真实的原则等。

（一）尊重学生的权利

按照一般法理，学生的法律身份主要包括自然人、公民、未成年人及受教育者。[2] 作为一个公民，学校生活是培养与保障他们日后成为一个合格公民的重要阶段。在某种程度上可以说，学生的权利在学校受到何等的对待决定了他们日后在社会上如何行使权利与承担义务。学生作为未成年人，在传统的学生评价中居于"客体地位"，被动接受评价，对评价的必要性、评价的方式等都没有发言权。从伦理角度来说，学生作为评价的对象，在评价过程中

---

[1] J. M. Rich. *Professional Ethic of Education*. Charle C Thomas Publisers Illionois, 1984, p67-71.
[2] 申素平著：《教育法学——原理、规范与应用》，教育科学出版社 2009 年版，第 240 页。

具有一定的权利，如隐私权等，与享受权利相对，也承担一定的义务，如诚信等。学生评价不仅要关爱学生的生命，也要自觉尊重和维护学生作为人自身所固有的权益与价值，诸如人身权利、人格权利、政治权利等，真正做到"以学生为本"。

所谓权利，顾名思义，就是应该受到权力保障的利益，是应该受到权力保障的索取或要求，也就是应该受到社会管理者依靠权力加以保护的利益、索取或要求，说到底，也就是应该受到政治和法律保障的利益。① 对于学生作为受教育者所应享受的权利，1995年颁布的《中华人民共和国教育法》第四十二条规定：参加教育教学计划安排的各种活动，使用教育教学设施、设备、图书资料；按照国家有关规定获得奖学金、贷学金、助学金；在学业成绩和品行上获得公正评价，完成规定的学业后获得相应的学业证书、学位证书；对学校给予的处分不服向有关部门提出申诉，对学校、教师侵犯其人身权、财产权等合法权益，提出申诉或者依法提起诉讼。其中，明确规定学生应该获得公正的评价。那么，在学生评价中学生拥有哪些权利呢？美国测试实践联合委员会（JCTP）1998年制定了《考生的权利和责任：指南和期望》，明确规定了测验中学生所具有的权利和责任，内容十分详尽，以便指导测验专业人员。从评价的角度来说，学生在评价中具体而言主要有以下几种权利。

1. 隐私权

从法律角度而言，隐私权是指自然人享有的私人生活安宁与私人信息秘密依法受到保护，不被他人非法侵扰、知悉、收集、利用和公开的一种人格权，而且权利主体对他人在何种程度上可以介入自己的私生活，对自己的隐私是否向他人公开以及公开的人群范围和程度等具有决定权。隐私权是一种基本人格权利，不管学生年龄的大小同样具有隐私权。

但是有些教师无视或者说根本意识不到学生（特别是低学段的学生）具有隐私权，更遑论学生具有哪些隐私权，导致对学生的隐私随意侵犯而不自知。例如对于学生的考试或测验结果是否应该公开一直存在争议，有的人认

---

① 王海明著：《伦理学导论》，复旦大学出版社2009年版，第103页。

为公开学生学习结果有助于教师和学生的改进，而有的人则认为并非所有人都能正确对待结果。比如，有些教师公开在全班学生面前通报考试分数，将学生的考试成绩进行排名，弄得考低分的学生在其他同学面前抬不起头，自尊心和自信心都可能受到打击；有的教师在家长微信群里通报学生的考试或测验情况，虽然有时以学号来代替，但依然让成绩不好的家长们产生了不小的焦虑、压力，而这些焦虑和压力又可能通过家长转嫁到孩子身上；还有的教师依据考试成绩排座位等，这些做法显然都是不符合伦理规范的。"对学生成绩的评估应准确反映对内容的掌握，应公平管理，并应保密。"① 对学生来说，考多少分，是一种个人的隐私，教师无权公开，而应该私底下与其或其家长交流和沟通，以保护学生的自尊心。

此外，考试或测验是否侵犯学生的隐私还取决于使用考试或测验的方法。"如果测验或测量是为某些人的利益而不是为所有测量或观察对象编制的，侵犯隐私的可能性就会很高。为了写专业文章、论文或学位论文对学生进行测验很可能会侵犯学生的隐私权，除非他们得到参与者、家长和学校的同意。"② 也即，如果考试或测验的目的不是为了检测学生某一阶段的发展水平，而只是为了某些个人的目的，如做研究，在设置测验内容时不能侵犯学生的隐私。

无论从保护学生自尊心的角度还是从尊重学生权利的角度来说，教师在评价学生时应持一种敬畏生命的意识，对学生评价应慎言慎行。

1974年，美国《家庭教育权力和隐私法》（《巴克利修正案》）作出如下规定：③

不得要求学生参加精神病学或心理学考试、测验或治疗，如果这些考试、测验、治疗的主要目的是了解以下信息：

● 政治倾向；

---

① Rock Hill, Carolina. Ethics in Classroom assessment practices: Issues and attitudes. *Teaching and Teacher Education*, 2007 (23), p999-1011.
② [美]吉尔伯特·萨克斯、詹姆斯·W. 牛顿著，王昌海等译：《教育和心理的测量与评价原理（第四版）》，江苏教育出版社2002年版，第37页。
③ [美]吉尔伯特·萨克斯、詹姆斯·W. 牛顿著，王昌海等译：《教育和心理的测量与评价原理（第四版）》，江苏教育出版社2002年版，第37—38页。

- 使学生及其家长感到尴尬的潜在的精神或心理问题；
- 性行为和性态度；
- 不合法的、反社会的、自证其罪的和降低身份的行为；
- 回答者对与之有密切家庭关系的其他个体的否定评价；
- 收入（除了法律所要求的、用来确定是否有资格获得财产）。

《巴克利修正案》的意义可能是深远的：

- 教师不能张贴学生的等级排名，因为这种做法侵犯了学生的隐私权。照此推测起来，也不能使用任何用来标识学生的编码命名系统。
- 教师不能把学生作品作为好或坏的练习的例子展示出来，因为这也侵犯了学生的隐私权。一个有趣的（但尚未解决的）问题是展出一些学生的作品是否会侵犯其他学生的隐私权，其他学生会由于没有作品展出而被识别出来。
- 教师不能允许学生对任何其他学生的作业进行评分或修改。
- 教师不能以任何可以使其他学生看到分数的方式发试卷。
- 教师不能想当然地认为学生要求的推荐信能保密。

2. 自由表达权

联合国《儿童权利公约》规定：确保有主见能力的儿童有权对影响到其本人的一切事项自由发表自己的意见，对儿童的意见应按照其年龄和成熟程度给予适当的看待（第12条）；儿童享有自由发表言论的权利；思想、信仰和宗教自由的权利；结社自由及和平集会自由的权利（第13—15条）。

在学生评价中，学生同样应有自由表达权，对于教师给予的评价，如果觉得与事实不符合，或觉得有不合理之处，学生应有权对评价过程、评价结果提出异议和质疑，这也是一种申诉权。教师应依据学生提出的不同意见查找证据，并在此基础上重新作出评价。假如教师不给学生申诉的权利，学生会认为教师对自己的评价不客观、不公正，最终可能会导致学生对教师失去信任。因为学生评价，尤其是高风险评价"经常会产生一些焦虑或其他压力，从而给学生带来一些潜在的情感伤害，对师生关系也有一些潜在的伤害。当学生认为评价不公平或没有根据时，师生之间的信任可能会被破坏"①。学生往往会"亲其师而信其道"，当学生对教师的信任逐渐丧失时，教育效果将大打折扣，更为严重的后果是学生会将自身在学校受到的不公正感受投射到整个社会，影响学生形成正确的世界观和价值观。

3. 平等对待的权利

平等和反歧视是美国中小学学生权利的核心要件，其理论基础是每个人都是平等的，都是人类大家庭的一份子，都应该受到尊重。② 霍耐特认为，现代政治哲学已经发生了一场规范转向，政治哲学的规范目的不是罗尔斯所说的那样强调社会正义要减少不平等或物品的再分配，而是要避免"蔑视"或"不尊重"，平等的分配不再处于社会正义的中心，取而代之的是"尊严"和"尊重"。霍耐特称之为"承认正义"，与"承认"相关的正义旨在通过承认所有个体的个人尊严来阐释一个公正社会的条件。

在美国《学生行为守则》中明确规定学生有"平等保护和不受歧视的权利"。全美教育协会《教育专业伦理典章》提出，教师"不应歧视学生，包括种族、肤色、宗教、性别、民族、婚姻、政治或宗教信仰、家庭、社会和文化背景等；不得阻止任何学生上课；不得剥夺任何学生的权益；为学生提供任何便利条件"③。从根本上来说，人是自由平等的，有权受到平等对待。因此，学生在评价中理应受到平等对待，不能因其家庭、经济、文化等而受到区别对待，教师在评价过程中要做到"一视同仁""不偏不倚"，不带歧视和偏见。教师要全面了解学生，基于客观事实去分析学生，切忌"尖角效应"（horn effect）和"晕轮效应"（halo effect），不因个人的主观好恶以及学生某一方面的优点或缺点而对其作出不客观的评价。此外，教师应确保每一位学生都能有"足够的机会"学习各种材料，且为学生提供平等的机会来展示自

---

① Rock Hill, Carolina. Ethics in Classroom assessment practices: Issues and attitudes. *Teaching and Teacher Education*，2007（23），p999-1011.

② 程红艳：《不要把公民权利关在学校门外——美国中小学学生权利研究》，载《教育发展研究》，2012 年第 12 期。

③ [美]肯尼思·A. 斯特赖克、乔纳斯·F. 索尔蒂斯著，洪成文等译：《教学伦理》，教育科学出版社 2013 年版，第 63 页。

己的才能。

然而,平等对待并不意味着给予同等的对待,而是依据学生的发展水平和个性特质提出不同的要求,作出不同的评价,提供不同的反馈意见,即基于不同的差别给予不同的对待。教师要认识到学生是具有个体差异的多元个体,具有不同的个性禀赋和不同的发展速度,对处于发展中的学生,教师的评价标准不能"一刀切",在遵循共性的基础上也要能照顾到学生的个体差异。在学生评价中,平等对待意味着既关注事实,又关注事实背后的原因,寻找那些导致差异的根源,从而对学生作出综合全面的评价。

此外,权利和义务或责任总是相伴而生的,教师应该知道学生以上的权利并告知他们,同时教师也应该明白学生的责任,包括在评价中以礼貌和尊重的态度对待别人;遵循评价程序,以诚实的态度表现自己,并对自己的行为负责;有权询问评价结果的保密性;如果评价侵害了个人的权利应及时提出,等等。

(二) 保护学生不受伤害

联合国《儿童权利公约》规定:"法庭、福利机构或行政当局在处理儿童问题时,应将儿童的最大利益作为首要考虑事项。"Taylor 和 Nolen(2005)指出,因为不好的评价会严重影响学生,"教育者的伦理职责是'首先,不要有伤害'"。这是一条基本的、广泛的伦理原则,人们通常因为自己是人而用以管理自己的生活。紧接而来的是判断、界定伤害是什么,或者在师生关系间、在不同的伤害之间进行选择。这条原则来源于一个基本的前提,即伦理准则必须保护个体免受评价影响的权利。有些教师不顾学生的自尊心,在课堂上公开批评、挖苦学生,甚至用侮辱性的话语来羞辱学生,如"笨蛋""猪脑子"等;或者虽然没有明显的语言伤害,但对表现不好的学生给予区别对待,如让他们坐在特殊的位置,或让其他学生禁止与他们交往,这些行为都可能对学生造成严重的心理伤害。苏霍姆林斯基说:"教师的语言是一种什么也替代不了的影响学生心灵的工具,教学的艺术首先是说话的艺术。"教师不当的评价语言会成为一种暴力,对学生施加压力,影响学生对自己的正确认知和价值判断。当教师用鼓励性、赞美性的语言来评价学生时,会更有力激起学生学习兴趣，从而形成学习的内在动力。

教师要充分了解学生的优势与不足，了解学生的成长环境，尊重学生群体固有的差异，在综合分析各种影响因素后对学生作出客观公正的评价，而非依据学生一时的表现对其妄下结论。如某学生的作业总是沾满油污，教师经过家访后发现学生父母是卖油条早点的，而案板同时也就是孩子的作业桌。如果教师仅依据孩子作业本就对孩子加以批评显然对孩子是不公平的。孔子曰"视其所以，观其所由，察其所安"，可以借鉴于如何对一个人做出正确的评价，即看他的所作所为，考察他这么做的动机和理由，辨察他真心想做的是什么，目的是什么。

当然，有时候，伤害是一种主观感受，面对同样的评价，不同学生感受到的伤害程度并不一样。这需要教师能从学生的个体差异出发，给出不同的评价。有时候在实践中，"没有伤害"也需要在得与失及不同的伤害之间做出选择。"教师可能不得不在一场高利害测试所产生的关于学生表现的重要数据与测试在学生（和教师）所引发的情感压力之间做出选择。"[①] 因此，有些测试或评价是不可避免的，虽然会给学生造成一定的紧张、焦虑，但因为要获得关于学生成长的数据，不得已而为之。我们将这种情境（不同伤害之间的选择）视作比避免一起伤害要更"正常"，遵循的是整体利益的最大化原则，"两害相较取其轻"。这些都对教师提出了更高的伦理要求，需要从学生的整体利益出发思考如何尽量避免伤害。

（三）以评价促进学生发展

在管理主义学生评价取向下，评价是一种管理的手段，与学生的奖惩相关；在以人为本的学生评价价值导向下，评价不是一种惩罚的手段，而是促进学生发展的工具，学生评价应该致力于促进所有学生全面而有个性地发展。促进学生发展是评价的出发点，评价是手段，学生发展是目的，不能本末倒置。正如康德所言："你必须要这样行为，做到无论是你自己或别的什么人，

---

① Rock Hill, Carolina. Ethics in Classroom assessment practices: Issues and attitudes. *Teaching and Teacher Education*，2007（23），p999-1011.

你始终把人当作目的,总不能把他只当作工具。"①

学生评价不只是让学生简单地得到一个分数或一个结论,教师应该基于综合信息(如平时作业、课堂表现、学业成绩、行为习惯等),通过多种评价方法(如标准化测试、观察、问卷、成长记录袋等)来收集学生学习的各种信息或证据,并基于此对学生做出全面、客观、细致的评价,从中获得改进课堂教学的参考依据,同时也让学生知道下一步该如何做才能改善自己的表现。评价不能仅面向过去,而更应该指向未来,为学生的未来发展提供信息,指明改进和努力方向,最终实现教育目的。

学生是一个整体的人,所以学生评价不是单维度的。教师不应只是依据学生某一方面的表现而给出结论,而要从学业发展、道德品质以及情感态度等各方面对学生作出综合评价,并以此推动学生的全面发展。2014年《国务院关于深化考试招生制度改革的实施意见》提出:"建立规范的学生综合素质档案,客观记录学生成长过程中的突出表现,注重社会责任感、创新精神和实践能力,主要包括学生思想品德、学业水平、身心健康、兴趣特长、社会实践等内容。"2014年12月,教育部发布考试招生制度改革配套文件《关于加强和改进普通高中学生综合素质评价的意见》,要求2015年起"各省(区、市)要提出高中学生综合素质评价基本要求,制定具体办法",将综合素质评价作为"学生毕业和升学的重要参考",为高校招生录取提供重要参考依据。综合素质评价内容分为五个方面:思想品德、学业水平、身心健康、艺术素养和社会实践,包括写实记录、整理筛选、公示审核、形成档案、材料使用五个程序。

同时,由于学生是一个发展中的人,评价也应该是一个动态的过程。学生作为发展中的人,并不是线性发展的过程,在发展的过程中有时会有后退,是一个螺旋发展的过程。教师要用发展的眼光来评价学生,评价要能体现出学生的成长轨迹。

---

① [德]康德著,苗力田译:《道德形而上学原理》,上海人民出版社1986年版,第48页。

二、教师评价伦理素养的培育

杜威在《我的教育信条》中提出："教师在教育过程中无上的重要作用：教师不是简单地从事于训练一个人，而是从事于适当的社会生活的形成；每个教师应当认识到他的职业尊严，他是社会的公仆，专门从事于维持正常的社会秩序并谋求正确的社会生长。"杜威对教师地位给予了极高的评价，将其看作是"真正的上帝的代言者，真正的天国引路人"。的确，一位好的教师对学生的成长是极为重要的。教师评价伦理素养的养成需要从外而内，就外部而言，一是在教师的职前职后培训中纳入学生评价的相关知识，二是制定相关的学生评价伦理规则；就内部而言，需要教师加强自我修养，不断提升自己的评价伦理素养。

（一）在教师教育中培育教师评价伦理素养

学生评价是一项专业实践活动，教师学会评价并不是无师自通，而是需要教育与培训才能掌握的一种素养。"在 OECD 的 TALIS 调查中，2008 年，23 个参与国有 15.7%的教师表示在学生测评实践领域有'高度的专业发展需求'。"[①] 因此，应将培养教师评价素养作为教师职前教育、在职培训的重要内容，以及教师专业发展和专业素养的重要内容。何谓教师的评价素养？教师的评价素养是指："教师应该具备全面的技能和理解力来设计高质量的评价任务，并使用评价标准和评价证据来辨别、监控和促进学生的学习，评判学生完成任务的质量。"[②]

从西方国家教师专业发展的实践来看，教师评价素养的重要性和培育一直广受关注。在美国，"教师在多层面上参与学生评价改革，已经成为美国基

[①] 经济合作与发展组织编，窦卫霖等译：《为了更好的学习——教育评价的国际新视野》，上海教育出版社 2019 年版，第 149 页。

[②] [澳]瓦伦媞娜·克兰诺斯基、克莱尔·怀亚特-史密斯著，沈蕾译：《教育评价：标准、评判与调整》，江苏凤凰教育出版社 2016 年版，引言。

础教育领域促进教师专业发展的普遍做法"①。美国教师联合会、全国教育测量委员会、全国教育协会（American Federation of Teachers，National Council on Measurement in Education，National Education Association）制定了教师评价学生的能力标准，将教师在学生评价中的专业角色和职责范围分为教学前的活动、教学过程中的活动、一段教学（如一堂课、一学期、一学年）后的活动、教师参与学校建设和学区决策中的活动、教师参与更广泛的教育者社区中的活动，在这些活动中，教师在学生评价中需要掌握一定的能力，并有充足的时间和资源以完成他们的专业行为。

在新西兰，学生评价不是作为一项独立于教学的活动，是由外部人员来测评的。相反，学生评价是由教师依据标准而实施的，教师也被视作学生评价的专业人员。国家标准旨在提供学生预期成绩的外部参考点，同时让教师负责选择测评方法和形成整体判断。国家监测方法（基于样本的测评）也涉及让教师参与测评活动。一系列教师职业发展方案以及对新教师的指导和入职培训的宗旨，是确保教师在测评方面拥有很强的能力。在瑞典，教师同样被视作学生评价的主要专家。教师被委托去审查自己学生的考试成绩，这被视为他们进一步提高教学能力的一种方法。教师在校内评估中也发挥着关键作用。学校内部的质量保证和报告被视为一个集体过程，高度注重教师的民主参与和自主权。在加拿大安大略省，学区和学校高度重视评估素养的发展，并将其视为学区的责任。在意大利，国家教育系统评估研究所正在制定措施，以促进学校中的教师和校长对国家标准化测评结果的使用。②

在实际教学中，教与评是相互促进的，或者说评价本身应作为教学的一部分。教师需要知道如何正确地运用评价及其结果诊断学生学习，以改进教学，促进学生发展。"教师只有具有'教评合一'的意识，才能在教学过程中巧妙地渗透评价；教师只有具有育人视野和学科眼光，才能洞察评价过程中产生的教学资源；教师只有具备应变能力和化难机智，才能将司空见惯的评

---

① 蔡敏：《美国基础教育学生评价改革述评》，载《中国教育学刊》，2009年第3期。
② 参见经济合作与发展组织编，窦卫霖等译：《为了更好的学习——教育评价的国际新视野》，上海教育出版社2019年版，第62—72页。

价结果转化为教学资源。"①

教师应该具备哪些评价素养呢？美国教师联合会（AFT）、全国教育测量委员会（NCME）以及全国教育协会（NEA）联合开发了《学生教育评估的教师能力标准》，其初衷是为了关心学生评价的潜在教育利益是否得到完全实现，明确指出该标准应该被纳入未来教师的培训和认证项目中。该标准规定了在教学之前、教学过程中、在适当的教学阶段（如课程、班级、学期、年级）、教师参与学校建设和学区决策及教师参与的更广泛的社区教育工作者团体等有关的活动中教师职业角色的范围和责任。该标准也明确规定了学生教育评价中教师的能力标准，包括七个方面：一是教师应该善于选择适合教学决策的评估方法；二是教师应该善于开发适合教学决策的评估方法；三是对外部产生的和教师自己制造的评估方法，教师应该善于管理、评分和解释结果；四是教师应熟练使用评估结果用于个体学生、规划教学、开发课程以及为学校改进做决策；五是教师应熟练使用学生的评估来开发有效的学生评分过程；六是教师应该善于与学生、家长、其他外行的听众和其他教育工作者沟通评估结果；七是教师应善于识别不道德的、非法的和其他不恰当的评估方法和评估信息的使用。

《OECD 评论》指出教师教育中最需要发展的与测评相关的主题，主要有：第一，为了测评学生在培养综合能力方面的进步，教师要学会开发各种测评方法并理解效度的不同方面（包括不同的测评能力或不能体现的学生学习内容）；第二，为了使基于教师的总结性测评更加可靠，提供关于如何对与国家课程目标或标准相关的学生表现做出总结性判定以及如何将评分标准应用于不同类型的学生学习数据的统一培训也很重要；第三，为了使形成性测评有效，必须向教师提供深入的专业学习机会，特别是在日常教学实践中嵌入形成性测评，与学生共同制定明确的测评标准，给出具体、及时和详细的反馈，为学生发展自我监督能力创造条件；第四，为了提高测评的公平性，

---

① 赵娜、孔凡哲：《教育改革中的学生评价目标、角色与功能的分析》，载《教育科学研究》，2019 年第 1 期。

培训还应重点确保教师对学习和测评的文化和语言保持敏感。①

从以上来看,教师首先要掌握一定的评价知识和能力。事实上,就评价实践而言,评价是一项包括评价目的、评价类型、评价内容、评价技术与方法等知识在内的专业活动。因此,在教师职前职后的教育与培训中,应该通过多种方式让准教师和教师掌握相关的评价知识和技能,包括开设专门的评价必修课和选修课,在部分课程中增加评价知识,进行理论和实践案例研讨等。在课程内容方面,包括未来教师所需的评价知识。如在韩国,未来教师需要掌握教育评估、教育测量和测评、教育研究方法、心理测试、教育统计和心理测量。教育内容包括教育评估的基本概念、测评的分类和类型、测验开发的原则和实践、表现评估的原则和规划、测验题目的充分性评级、基本统计分析、结果使用、普通课堂测评和学生测评。② 在专业实践方面,可以让教师参与一些实际的测评工作,如评阅国家或地区的统一测试,还可以由国家编写一些测评标准和分析材料以指导教师开展评价。通过教师教育或专业发展中的专业学习和专门培训,让教师掌握充足的评价理论知识和丰富的评价实践能力,知道在课堂教学、作业、测验等不同的活动中如何评价学生,如何运用形成性评价、真实性评价等评价方法,如何解读学生测试报告,如何分析和使用评价结果,从而让教师不仅成为教学专家,还要成为评价专家。

其次,教师的评价素养必然包括伦理素养。掌握一定的评价知识和能力应该说只是从技术上解决了教师的评价素养培育。由于教师的职责不仅在于"教书",也在"育人",要成为一名优秀教师不仅要有娴熟的专业教育教学知识与技能,更要能够关怀学生,平等公正对待学生,而这往往是更难的。因为现实中的学生性格、家庭背景等千差万别,教师不仅与学生打交道,还与其家庭打交道,教师与家长的教育理念、关注点等并不总是一致的,而教师不是"圣人",从情感上来说,也难免会受自己的情绪影响,对学生会有意、

---

① 经济合作与发展组织编,窦卫霖等译:《为了更好的学习——教育评价的国际新视野》,上海教育出版社 2019 年版,第 170 页。
② 经济合作与发展组织编,窦卫霖等译:《为了更好的学习——教育评价的国际新视野》,上海教育出版社 2019 年版,第 149 页。

无意地分出亲疏远近。此外，有时受外在绩效评价的影响，教师可能会将更多的时间与精力用在学生知识学习和技能掌握上，忽略了学生的创造力、批判思维、应变能力等高阶能力的培养。在教师教育中，不仅教给准教师和教师有关的评价技术和方法，同样要教会教师如何处理评价中的伦理问题与困境，制定相应的规则规范以指导教师评价实践等，既要让教师知道如何进行教育评价，又要让他们知道到底什么样的评价是一个好的评价。当教师明白了好的评价是什么，他们才能从根本上改变"为考而教"的现状，真正用好评价这一手段，做到以学生学习为中心，为学生发展而教。

（二）制定教师评价伦理规则

俗话说"没有规矩不成方圆"，规矩是一种规则或标准，对同一活动参与者行为的规范和约束，告诉参与者什么行为是合理的，什么行为是不合理的。而伦理规则规定了成员在履行他们对公众的责任时应尽量避免的行为，从而起到调节人与人之间关系的作用。康德强调行为的道德价值在于它遵循的准则而不是它的目的，准则甚至是衡量道德价值的唯一尺度。除了在教师教育中培育教师评价伦理素养外，还需要通过制定评价伦理规则来引导和约束教师的评价行为。

从已有研究来看，学生评价伦理理论研究依然薄弱，仍未形成一套公认的伦理规则。相对来说，美国走在前列，不同机构开发了相关的规则。美国全国教育协会（NEA，1982）和美国心理学会（APA，1992）出版了伦理准则，其中有四条是和测验有关的，也适用于教师：（1）保密，由于学生的福利是最值得关心的问题，教师和心理学工作者应该认识到他们有责任遵循保密原则。只有在一些特别规定的条件下，才可以违背这项原则，包括如果学生面临一种明显的、即刻的危险，教师可以告知其他专家或权威人物；如果告诉与这个案例相关的其他专家会使学生受益；如果学生允许把秘密告知其他人。（2）测验安全，测验是专业工具，只有那些具有技术才能、能正确使用它们的人才能施测。标准化测验应该妥善保存。（3）测验解释，测验分数和材料只应该为那些有资格使用它们的个体所利用。对测验结果的解释不应导致家长和学生的误用和误解。（4）测验发行，标准化测验应提供一本测验指南或技术手册,说明由谁以及怎样最有效地使用测验,关于测验的广告应是真实的、说明性的,而不是煽情的、说服性的。①

美国教育评价标准联合会(AJCSEE)于 2003 年颁布了《学生评价标准》,该标准针对学生评价的四个不同方面提出了四条标准,即适宜性标准(propriety standards)、应用性标准(utility standards)、可行性标准(feasibility standards)、准确性标准(accuracy standards),包括 28 条具体标准。从《学生评价标准》的具体内容来看,其涵盖的范围很广,是对学生评价的目的、程序等的规范,其中有不少是伦理规范,如"适宜性标准"提出对学生的评价信息仅限于学生和其他确定的、合法授权查看该信息的人,以便维护保密性并保护隐私;在评价过程中的各个方面学生都应该得到尊重,从而提高他们的尊严,增加教育发展的机会。该标准可以看作是学生评价标准制定中的典范,走在世界的前列,对什么是好的学生评价做出规定性的界定,为教师及其他评价者提供行为指南,能够全面提高学生评价的质量。

从我国现实来看,学生评价伦理规则较为欠缺。从已颁布的文件政策来看,并没有出台单独的学生评价标准。我国《中小学教师职业道德规范(2008 年修订版)》规定教师应"关心爱护全体学生,尊重学生人格,平等公正对待学生。对学生严慈相济,做学生良师益友。保护学生安全,关心学生健康,维护学生权益。不讽刺、挖苦、歧视学生,不体罚或变相体罚学生"。2012 年,教育部为构建教师专业标准体系,出台了《幼儿园教师专业标准(试行)》《小学教师专业标准(试行)》和《中学教师专业标准(试行)》三套标准,明确对教师的专业理念和师德作出了规定,如保护学生生命安全、尊重学生人格、维护学生合法权益、平等对待学生等。应该说,这些规则适用于所有的教育教学活动中,包括学生评价,同时由于学生评价是一项专业活动,教师在评价活动中所面对的具体情境不同,所以其还有独特的伦理规则,如前所述,应包括尊重学生的隐私权、申诉权等。我国教育部门应该出

---

① [美]吉尔伯特·萨克斯著,王昌海等译:《教育和心理的测量与评价原理(第四版)》,江苏教育出版社 2002 年版,第 49 页。

台更为详细的评价标准,并将评价伦理规范(例如公平、公正、不羞辱、维护正当权益等)纳入其中以指导各类评价实践。

(三)教师需加强自我修养

前面两种途径可以看作是来自外部的,而教师要具有评价伦理素养还需要其不断加强自身修养,教师评价伦理素养形成的过程是一个内外兼修的过程。教师要将全体学生的利益摆在首位,真正将学生看作正在发展中的具有独特个性的生命个体,心存敬畏,公正博爱,对学生的现实与未来发展承担起应有的责任,而基于此前提下来开展学生评价才可能是符合伦理的。除了外在的职责规定,教师的道德品质更多需要靠其自身在日常的实践中不断修炼。

1. 仁爱

仁爱居于我国儒家思想的核心地位,孔子就提出"仁者爱人"。仁爱,谓宽仁慈爱;爱护、同情的感情。语出《淮南子·修务训》:"尧立孝慈仁爱,使民如子弟。"《史记·袁盎列传》:"仁爱士卒,士卒皆争为死。"

古往今来,教师都被赋予了崇高的地位而被颂扬,如"师者,传道受业解惑""春蚕到死丝方尽,蜡炬成灰泪始干""教师是太阳底下最光辉的职业"等。的确,教育是一项直面人的生命的事业,教师在学生的成长过程中所扮演的角色、所发挥的作用无论怎么强调都不过分。教师只有发自内心地喜欢与学生打交道,才能够站在学生的立场去思考问题,对学生的不同表现能给予理解、包容,真正做到"有教无类",平等对待所有学生,即使有些学生不是传统评价标准下的"好"学生。"爱出者爱返",学生只有感受到了爱,才会学会爱。

2. 关怀

关怀与仁爱是一对极其接近的概念,仁爱是儒家思想的核心,而关怀则是西方关怀伦理的一个核心概念,二者都是以爱为基础的。但关怀更多地指向他者,是对他人的关心和关爱。米尔顿·梅尔奥夫认为,"关怀是种美德,最严肃意义上的关怀就是帮助他人成长,帮助他人实现自我"。被视作关怀教育的首倡者的内尔·诺丁斯认为,关怀是一种不想伤害他(她)人并想要促进他（她）人福利的愿望与意念，"关怀是一种令人向往的关系，是具有关怀关系的双方的一种相遇"，而"接受性的关注"是这种相遇的根本特征。① 在这种相遇的关系中，关怀者要关心并回应被关怀者的需求，这种关心能得到被关怀者的认可和接纳，而从被关怀者的回应中，关怀者产生一种满足感和愉悦感，从而实现了双方的共存、共长，双方是一种平等对话的关系。这种关怀关系也如马丁·布伯所说的"我—你"关系，关系是相互的，而爱伫立"我"与"你"之间。②

教师对学生的关怀表现为教师对学生独立人格的尊重，对有差异的学生的理解与平等接纳，培养学生的自尊、自爱的主体意识，这有助于师生之间建立一种稳定的情感联结，有利于营造良好的师生关系，为教学的顺利开展提供保障。一旦稳定的、信任的情感联结建立起来，当教师对学生进行评价时，无论是表扬还是批评，学生都能从内心接受，并乐于朝着教师的期待方向努力。

3. 责任

未成年人发展存在着未成熟性、潜在性等特性，一个好的教师在学生发展中所起的作用已毋须多言了，这更需要教师担负起应有的责任，而责任应服从其所应承担的道德。在康德看来，道德责任意味着总是做出道德行为，即做出对的或正确的行为，而这需要人们常常对自己的行为进行道德判断。如何做到时刻对自己的行为及已经发生或正在发生的事情进行不断的道德判断呢？这需要人们从道德责任出发。责任在古希腊叫做 protreptikos，意指"告诫、提醒"。责任的词根是拉丁文的 respondere，意味着"允诺一件事作为对另一件事的回应"或"回答"。责任一词所表达的就是对我们行为的要求，即要求我们能够做到合乎规定、合乎道德规则所要求的那样去行动。

责任既具有一种外在的约束性，又具有一种内在的动机性。外在的约束性来自于个体所扮演的角色和承担的职责，属于外在责任；内在动机性则是

---

① ［美］内尔·诺丁斯著，侯晶晶译：《始于家庭：关怀与社会政策》，教育科学出版社 2006 年版，第 17、25 页。
② ［德］马丁·布伯著，陈维纲译：《我与你》，商务印书馆 2015 年版，第 18 页。

"作为人而言，尽人的本分是你应有的责任"①，属于内在责任，与"责任心"等同。康德所谓的道德责任主要是指后者，是德性或道德的责任。责任意识作为责任的主观形态，主要是指一种责任感，可以看作是内在责任，即做好自己分内的事，尽到自己所应尽的义务，并对自己的行为将要产生的结果进行主动、积极的预期，将消极后果减少到最小程度。教师在承担所应承担的外在责任时，更需要依靠内在责任来行事，具有作为一个人所应有的"善良意志"。康德认为善良意志是无条件的善的，"并不因为它所促成的事物而善，并不因它所期望的事物而善，也不因它善于达到预定的目标而善"②。教师应从善良意志或者良知出发，将责任看成是行为的动机，即出于责任对学生的发展常怀关心、关爱之情，站在学生生命发展的高度来审思自己的各种行为会给学生带来什么样的影响，从而使自己的行为符合道德要求。

教师评分时的七种欺骗行为③

1. 推卸责任。教师可能推说自己太忙，没有时间编制测验，或者粗制滥造一些无效的测验应付了事。有时候，教师还可能会允许学生自己评分，骗他们说自评才是"真实"的评价。然而，学生不能够判断测验的质量，也不能客观地将自己与其他同学或某一客观标准相比较，这样做纯属玩忽职守。

2. 主次不分。教师对不大相关的行为大为褒奖，而对一点点小错误却严厉惩罚。比如，有学生自学了未作要求的部分，尽管掌握程度并不理想，老师也给他高分；再如，一个学生连怎么使用逗号都没学会，但只因为他完成了一项无关紧要的任务，也得到了很高的分数。事实上，学生最需要的是以更高的水平完成指定的任务，而非"独辟蹊径"。

3. 以不负责任的方式评分，某些重要的依据被遗漏。测验、论文、小测

---

① 龚群、陈真著：《当代西方伦理思想研究》，北京大学出版社2013年版，第224页。
② [德]康德著，苗力田译：《道德形而上学原理》，上海人民出版社1986年版，第43页。
③ [美]吉尔伯特·萨克斯著，王昌海等译：《教育和心理的测量与评价原理（第四版）》，江苏教育出版社2002年版，第615—616页。

验及作业是能够反映学生学习程度的几种渠道，但为了尽可能节省时间，有些教师可能只依据年度测验和一份学期论文来评分。虽然有许多理论为这种方法辩护，但要想做到评分公平、合理、可信，就必须利用所有可行的渠道对学生评分。

4. 评分过度。这种评分方法与上一种做法正好相反，教师为学生行为的每一个方面打分，而教室则成了评分、检查和规范学生行为的专门场所。与不负责任的评分方式一样，这种评分的过于"狂热"也危害教学。

5. 乱改评分规则。改变规则者是极度"灵活的"。他们先宣布计分规则，然后再毫无缘由地改来改去。明明说拼写错误是不扣分的，但实际上照扣不误。学年初他们先使大量学生败北，以显威风，也以此标榜要力求"高标准"；而学年末则一副友好的姿态，学生个个都得 A。而对于分数是怎么评定的，为什么要这样评，学生永远都不得而知。

6. 凭主观印象计分。有些教师具有一种特异功能，只需看一眼，他们就能对学生做出评价（或者至少他们认为如此）。不消说，有着高高的额头，戴着厚厚的角质边眼镜的学生会得 A。对这些心灵论者来说，晕轮效应是他们最有力的依靠，因而他们的判断是有偏见的。

7. 评分标准过高。有些教师会使用过高的标准来评分，这样的教师会告诉学生班里没有人能聪明到可以得到 A，能得 B 就算很不错了。对这样的老师来说，高标准意味着学生必然要失败。他们不尽自己的全力来改善教学，相反却为学生设定了过高的标准，这样就有借口要求校方提高录取标准，真可谓"用心良苦"了。